I0029893

Université de France.

ACADÉMIE DE STRASBOURG.

THÈSE

POUR LE DOCTORAT,

PRÉSENTÉE

A LA FACULTÉ DE DROIT DE STRASBOURG,

ET SOUTENUE

Le mercredi 18 août 1841, à 4 heures de relevée,

PAR

CHARLES-ÉMILE CORNEBOIS,

AVOCAT A MIRECOURT (VOSGES),

STRASBOURG,

IMPRIMERIE DE G. SILBERMANN, PLACE SAINT-THOMAS, 3.

1841.

FACULTÉ DE DROIT DE STRASBOURG.

M. Rauter, doyen de la Faculté.

M. Blœchel, président de la thèse.

Examinateurs.

{ MM. Blœchel,
Rauter,
Hepp,
Heimburger, } Professeurs.

Eschbach, Professeur suppléant.

La Faculté n'entend ni approuver ni désapprouver les opinions particulières au candidat.

DROIT CIVIL FRANÇAIS.

DES DISPOSITIONS PERMISES EN FAVEUR DES PETITS ENFANTS DU DONATEUR OU TESTATEUR, OU DES ENFANTS DE SES FRÈRES ET SOEURS[1].

PREMIÈRE PARTIE.

INTRODUCTION HISTORIQUE.

Romulus, devenu roi et législateur, partagea les terres de son État entre tous les citoyens. Pour maintenir l'égalité dans les fortunes, il régla l'ordre des successions; il ne voulut pas que les biens d'une famille passassent dans une autre. Dans ce but il divisa les héritiers en deux classes : siens et agnats; et, par ce moyen, les biens restant toujours dans la même famille, aucune ne s'enrichissait aux dépens de l'autre, et ainsi s'accomplissait le désir du roi fondateur, c'est-à-dire le maintien de l'équilibre des forces entre les citoyens. Cet ordre de succession avait été établi dans un but politique; il n'était pas permis aux citoyens d'y déroger par une volonté particulière; c'est ce qui

---

[1] Cette rubrique n'est plus assez générale ; depuis la loi du 17 mai 1826 elle devrait être remplacée par celle-ci : *Des substitutions fidéicommissaires*, sujet que je traite réellement.

C.   1

porte à croire que dans l'origine les Romains n'ont pas dû connaître l'usage du testament. Rome, d'ailleurs, n'était pas la seule ville où cet usage fût inconnu ; car, avant Solon, Athènes ignorait qu'on pût à sa mort disposer de ses biens[1].

Cependant il était difficile d'empêcher un homme, à sa mort, d'exercer des libéralités, de punir ou de récompenser, en distribuant les fruits de son travail. La reconnaissance ne suffit pas toujours pour payer un service rendu ; on aime, par ses dons, de contribuer au bien-être de celui qui en est l'auteur. Aussi la loi des XII Tables, adoptant un système opposé à celui qui avait dicté les principes établis par les premiers rois, ne mit-elle aucune restriction à la faculté illimitée pour le mourant de disposer de tous ses biens par testament. *Uti legassit pater rei et familiæ, ita jus esto.* Cette liberté sans bornes dégénéra bientôt en licence ; il fallut rétrograder, et pour cela porter différentes lois restrictives, entre autres les lois *Furia, Voconia, Falcidia,* etc. On défendit d'instituer les femmes, les étrangers, les célibataires, les personnes sans enfants, etc. Mais les testateurs avaient trouvé le moyen d'éviter ces prohibitions et de donner à ceux auxquels on refusait la capacité de recevoir. Voici comment ils s'y prenaient : ils instituaient un héritier direct avec lequel ils avaient faction de testament, et *le priaient* de remettre tout ou partie de leur hérédité à telle personne incapable qu'ils indiquaient[2]. De pareilles dispositions, dans l'origine, n'étaient pas obligatoires, et l'exécution en était confiée à la bonne foi et à la piété des héritiers ; de là le terme *fidéicommis.* L'héritier fidéicommissaire n'avait aucune action pour se faire livrer les objets dont le testateur voulait le gratifier[3].

[1] Plutarque, *Vie de Solon;* Montesquieu, *Esprit des lois,* liv. 27.
[2] De là le nom de *fidéicommis tacite* dont on se sert pour désigner une disposition que les lois anciennes et modernes ont également proscrite. Mais bientôt on se servit, à Rome, de ce moyen, pour favoriser des personnes auxquelles on pouvait donner *directement.*
[3] Les testaments, dit Montesquieu, *Esprit des lois,* liv. 27, étant une loi du

La force obligatoire que n'avaient pas les fidéicommis leur fut attribuée par Auguste ; on créa même un préteur fidéicommissaire, pour statuer sur les difficultés qu'ils soulevaient[1]. Dès cette époque, on put ouvertement et valablement faire, par fidéicommis, plusieurs dispositions qui auparavant n'avaient aucune force obligatoire. Au reste, dispensés d'abord de toute formalité, les fidéicommis furent bientôt astreints à des règles ; on fit prévaloir le principe que pour donner et recevoir de cette manière, il fallait avoir la capacité de donner et de recevoir des legs. Néanmoins, jusqu'au règne de Constantin et de Justinien, qui, admettant, le premier des équivalents pour remplacer les formules sacramentelles des legs, et le second faisant produire des effets identiques aux différentes espèces de legs, les fidéicommis furent soumis à des formes et eurent des effets particuliers. A dater de ce dernier prince, il furent presque en tout assimilés aux legs. (*L.* 1. *D. de legat.* 1°.)

Les fidéicommis s'ouvraient d'abord en même temps que l'hérédité ; c'était la conséquence du principe qui prohibait toute disposition temporaire subordonnée dans sa durée *ad certum tempus.* La loi dernière, *C. de legat.*, permit de différer l'ouverture du fidéicommis, *ex certo die* (*Inst.* liv. 2, tit. 23, § 2). Dès lors, soit par suite de la volonté expresse du testateur, soit par suite des termes ambigus dont il se servait, on laissa l'héritier institué jouir jusqu'à sa mort des biens grevés de fidéicommis (*L.* 1, *C. de legat.*). Les fidéicommis devinrent

peuple, devaient être faits avec la forme du commandement et par des paroles que l'on appela directes et impératives. De là il se forma une règle que l'on ne pourrait donner, ni transmettre son hérédité que par des paroles de commandement (*Titius hæres esto*), d'où il suivit qu'on ne pouvait jamais charger quelqu'un *en forme de prière*, de remettre à un autre l'hérédité ou partie de l'hérédité.

[1] Dans la ville ; dans les provinces la connaissance de ces sortes d'affaires était attribuée aux présidents et aux gouverneurs. Aucun peuple, avant les Romains, n'a connu les fidéicommis.

c   1.

graduels; l'héritier rendait à sa mort les biens à un tiers, celui-ci à un autre, etc.; et comme défense était faite à chacun d'eux d'aliéner les biens grevés, les fidéicommis furent un moyen de conserver des richesses dans une famille[1]. Le pouvoir de transmettre par fidéicommis semble avoir été illimité chez les Romains; car on ne s'accorde pas sur le sens de la novelle 159, ch. 2, par laquelle Justinien aurait défendu les institutions au delà du quatrième degré.

Cette espèce de disposition ne porte, dans le Droit romain, que le nom de *fidéicommis ;* celui de *substitution* lui a été donné par les commentateurs. Cependant le mot *substitution* se rencontre dans plusieurs passages du *corpus juris* (L. 16. *C. de pactis.*). Le terme *substitution* appartient à un autre ordre d'institutions, et comme on en distinguait de plusieurs sortes, nous les passerons rapidement en revue.

En effet, on reconnaissait les substitutions *vulgaires, pupillaires* et *exemplaires.*

Les Romains attachaient une grande importance à ne pas mourir intestats; et comme la certitude de voir une succession acceptée croît dans la proportion des héritiers institués, les testateurs indiquaient une série d'héritiers qui devaient venir à la succession, l'un au défaut de l'autre. On définit cette substitution : *l'institution d'un héritier dans un degré inférieur.*

La seconde est la disposition par laquelle un père fait le testament de son fils impubère, et lui nomme des héritiers en cas qu'il vienne à mourir avant l'âge de puberté. On ne connaît pas l'origine de cette espèce de disposition qui n'est due à aucune loi expresse (L. 2 *Prin. D. de vulg. et pupil. subst.*).

[1] On sait que dans la plupart des maisons on élevait, en l'honneur des mânes des parents, des autels sur lesquels on sacrifiait pendant un certain temps de l'année. Craignant que faute d'héritiers assez riches pour conserver ces espèces de temple, ils ne fussent vendus ou ne tombassent entre les mains du fisc, les testateurs par des substitutions, s'assuraient que pendant un certain laps de temps les mânes de leurs pères seraient respectés (Terrasson, p. 123).

Enfin, par la troisième, on faisait le testament des insensés, pour le cas où ils décéderaient avant d'avoir recouvré la raison, comme (*ad exemplum*) on faisait celui des impubères, pour le cas où ils mourraient avant la puberté. Cette substitution, quoique introduite à l'exemple de la pupillaire, s'en distinguait par des différences essentielles.

En France, lorsqu'on compare les pays de Droit écrit à ceux que régissaient les coutumes, lorsqu'on compare les coutumes entre elles, on rencontre, ainsi que dans les autres parties du Droit qui régissait le moyen âge, les plus grandes divergences dans la législation sur les substitutions.

En pays de Droit écrit on les admet toutes ; les fidéicommissaires par les donations entre-vifs, les institutions contractuelles, les testaments ; elles s'étendent à l'infini. La vulgaire ne pouvait se faire que par testament, qui était la forme la plus généralement employée pour la pupillaire et l'exemplaire.

Dans les coutumes, le principe est pour la restriction des substitutions ; quelques-unes ne se contentent pas de les restreindre, elles les défendent ; mais ces restrictions, ces prohibitions sont plus ou moins générales. Les coutumes de Bourbonnais, d'Auvergne, de Sédan n'accordaient pas une faculté illimitée de disposer par testament ; elles ne reconnaissaient pas d'institution d'héritiers ; il était dès lors conséquent de prohiber les substitutions qui semblent dériver du pouvoir d'avoir un testament, dans les institutions d'héritiers ou les dispositions qui formaient des titres universels ; mais l'on pouvait substituer à titre particulier ou par acte entre-vifs : *in contractibus autem posse substitui nemo nescit*. (Papon, *sur l'art.* 324 *de la coutume de Bourbonnais*).

La coutume de Lamarche ne faisait frapper la prohibition que sur les dispositions testamentaires ; mais elle les embrassait toutes.

La coutume de Bassigny ne les reconnaissait dans aucune disposition et à quelque titre que ce fût.

Enfin la prohibition était plus ou moins générale dans les coutumes de Nivernais, de Bretagne, de Normandie, de Hainaut.

Mais les substitutions fidéicommissaires étaient admises par les coutumes de Berry, de Meaux, de Chaumont, de Vitry, de Lorraine, etc.

Quant à la substitution vulgaire, qui ne peut être faite que par testament, à moins qu'elle ne soit conditionnelle, puisqu'un autre acte, tel qu'une donation entre-vifs, ne souffre pas d'incertitude dans la personne du donataire et demande son acceptation, elle était évidemment exclue des coutumes qui prohibaient les institutions d'héritiers par testament; mais ces coutumes étaient peu nombreuses: dans la plupart la faculté de tester était reconnue. Cependant celle de Berry, qui admettait la substitution fidéicommissaire, repoussait la substitution vulgaire.

La pupillaire était universellement rejetée[1]. Attachée à la puissance paternelle extrêmement énergique en Droit romain, elle devait tomber quand cette puissance perdit sa force. Cependant la disposition qui l'aurait renfermée n'était pas inutile. On la convertissait en substitution fidéicommissaire et on la faisait valoir sur les biens que le fils recevait de son père.

La substitution exemplaire qui n'avait été introduite que par analogie avec la précédente, et n'en était que l'image, suivit son sort, et n'était pas plus qu'elle en usage en pays de Droit coutumier. Seulement elle était exécutée comme fidéicommissaire.

On distinguait encore les substitutions *réciproque, compendieuse, bréviloque, linéale, masculine, officieuse, de ce qui restera de la famille, de celui que la famille aura choisi,* etc. Nous n'en parlerons pas, parce qu'elles rentrent dans les quatre espèces que nous avons indiquées, ne se distinguent que par la différence des termes employés, et ont en tout point les mêmes effets.

Nous avons dit, qu'à Rome les substitutions fidéicommissaires étaient

[1] Dénisart, v° Substitution, n° 17.

permises à l'infini. Justinien, par sa novelle 159, ch. 2, est le premier qui semble avoir voulu les restreindre à quatre degrés. Mais comme la novelle ne statue que sur un cas particulier, on en contesta l'application générale. Dumoulin (Consil, 1 et 54), voulait qu'on ne lui imposât aucune limite; d'autres, qu'on les restreignît au dixième degré; une troisième opinion qu'on les bornât à cent ans. Cette controverse s'était élevée en pays coutumier de même qu'en pays de Droit écrit; elle fut éteinte par l'art. 59 de l'ordonnance d'Orléans de 1560, qui ne les permit que jusqu'au deuxième degré, l'institution non comprise. Remarquons que cet article ne changeait rien aux coutumes qui avaient sur ce point des dispositions expresses, et ne statuait que sur le sort des substitutions futures; c'est pourquoi intervint l'ordonnance de Moulins de 1566, qui, par son art. 57, restreignit à quatre degrés les substitutions antérieures à 1560, et les défendit à l'égard des meubles[1]. L'ordonnance d'Orléans fut confirmée par celle du mois d'août 1747, enregistrée au parlement le 27 mars 1748[2]. Tout en permettant les substitutions, elle ne porta pas atteinte aux coutumes qui les défendaient (art. 1er, tit. 1er). Elle voulut aussi que les degrés se comptassent par tête et non pas par souche; elle est la première qui ait entrepris de régler, dans un système complet, la matière abstraite des substitutions. Elle n'enleva pas toutes les difficultés, et les substitutions étaient et sont encore une des matières les plus épineuses du Droit. Souvent nous aurons recours à cette ordonnance, qui a servi de base à nos législateurs, et sert de commentaire à nos Codes.

[1] Ces ordonnances ne parlaient pas des substitutions vulgaires qui avaient lieu à l'infini.

[2] Mais elle ne décida rien pour les provinces qui n'ont été réunies à la France qu'après les ordonnances d'Orléans et de Moulins. Ainsi, dans le ressort du parlement de Bordeaux et de Pau, les substitutions allaient à l'infini (Bretonneau, *Question alphabétique*). Il en était de même dans le ressort des conseils supérieurs de Roussillon et d'Alsace (Sallé, Furgole, Thevenot dans leurs notes sur l'ordonnance de 1747), et l'art. 32 de cette ordonnance.

L'ordonnance de 1747, rédigée par les soins du chancelier d'Aguesseau, semblait suffire et concilier tous les intérêts, puisque jusqu'en 1792, aucune modification n'y fut apportée. C'est donc, gouvernées par cette ordonnance, que les substitutions arrivèrent à la révolution. Un mouvement des plus prononcés s'opéra alors dans les idées; tout ce qui tenait à la royauté, à l'hérédité, à la noblesse des familles fut supprimé, on se hâta d'abolir tout ce qui ne concourait pas à établir l'égalité parmi les hommes. Dans un pareil état de chose, l'ordonnance de 1747 pouvait-elle subsister? Non. On était las de la noblesse, et l'on crut avec raison, que le meilleur moyen de la détruire, était de l'attaquer du côté de la fortune, source de toute aristocratie, en la forçant à mettre dans le commerce des biens, qui toujours en avaient été retirés. Mais dans la plupart des mouvements révolutionnaires, à la suite de ces commotions dans lesquelles l'opprimé prend la place de celui qui a trop longtemps abusé de sa puissance, on ne sait pas s'arrêter dans la destruction des abus; on supprime, on détruit sans précaution, et sans examiner si une réforme ne vaudrait pas mieux qu'une entière suppression. Aussi voit-on les décrets du 25 octobre, 14-15 novembre 1792 abolir d'une manière absolue les substitutions, et la loi du 17 nivôse an II, venir les confirmer. Lois mauvaises qui ne se contentent pas de statuer pour l'avenir, rétroagissent et ôtent au substitué l'expectative qui lui était acquise de recueillir après le décès du grevé; car, c'est le décès du substituant qui détermine les droits du grevé et des substitués; lois mauvaises, qui annullent à l'instant même quantité d'actes qu'aucun monument législatif ne prohibait alors. C'est pourquoi la loi de 1792, comme toute loi qui rétroagit, doit s'interpréter dans le sens le plus restrictif; ce qui nous porte à croire, que malgré le texte précis de son art. 1er : *Toutes substitutions sont prohibées*, on n'a aboli que les substitutions fidéicommissaires et non les vulgaires. Le législateur a pris le mot *substitution* dans l'acception qu'il avait sous l'ordonnance; or, anciennement il ne désignait que les fidéicommissaires. « Le mot trivial, dit Thevenot, est substitution simplement;

de manière que, quand nous parlons de substitution, nous entendons communément la fidéicommissaire; » nous lui donnerons le même sens dans tout le cours de notre travail.

. Quant aux substitutions pupillaires et exemplaires, elles ont été abolies ; cela ne saurait être l'objet d'un doute. La puissance paternelle, déjà sous les coutumes, était trop relâchée pour qu'on accordât au père un tel pouvoir sur les biens de ses enfants; on ne voyait plus le motif qui les avait introduites, le désir d'avoir un testament. Certaines coutumes, et toutes les lois révolutionnaires restreignirent, au contraire, autant que possible, la faculté de disposer par testament. La liberté d'aliéner des biens qui n'appartenaient pas au testateur, ne pouvait appartenir qu'à un peuple qui donnait, dans le principe, aux parents le droit de vie et de mort sur leurs enfants. Aussi, dès que la France eut une législation uniforme, on n'entendit plus parler de ces sortes de dispositions qui restèrent dans l'oubli; nous ne saurions donc plus nous en occuper[1].

Nous touchons an Code civil. « Les substitutions, porte l'art. 896, sont prohibées. Toute disposition par laquelle le donataire, l'héritier institué ou le légataire, sera chargé de conserver et de rendre à un tiers, sera nulle, même à l'égard du donataire, de l'héritier institué ou du légataire. » A cette prohibition générale, le Code lui-même fait deux exceptions; la première en faveur des majorats, et l'art. 896 ajoute : « Néanmoins, les biens libres formant la dotation d'un titre héréditaire que le roi aurait érigé en faveur d'un prince ou d'un chef de famille, pourront être transmis héréditairement, ainsi qu'il est réglé par l'acte du 30 mars 1806, et par celui du 14 août suivant, » auxquels il faut ajouter les décrets du 1er mars 1808, 14 octobre 1811, art. 7, 8 et 9, du 24 août 1812, du 22 décembre même année, et l'ordonnance royale du 25 août 1817. Cette exception en faveur des majorats n'existait pas

[1] Les substitutions pupillaires ne sont pas admises par le Code civil ; Turin, 1er février 1806 et 13 février 1810. Sir. , XIII, 2, 328.

C   2

,dans la première rédaction du Code, publiée le 13 floréal an XI (3 mai 1803). Elle y fut insérée dans la seconde édition décrétée le 3 septembre 1807 [1].

La seconde exception est contenue dans l'art. 897. Elle est en faveur des dispositions permises aux pères et mères et aux frères et sœurs au ch. 6, tit. 2, liv. 3 du même Code. Elle renferme les seules substitutions fidéicommissaires autorisées par le Code civil.

Quoique l'art. 896 soit conçu d'une manière générale, il ne faut pas l'entendre dans un sens trop restreint ; s'il prohibe les substitutions, il explique lui-même ce qu'il entend par substitution : c'est la charge *de conserver et de rendre à un tiers*, et les art. 898 et 899 lui servent de complément. Toute disposition qui ne contiendra pas la charge de conserver et de rendre à un tiers, n'est pas prohibée. Ainsi, celle par laquelle un tiers serait appelé à recueillir le don, l'hérédité ou legs, dans le cas où le donataire, l'héritier institué ou le légataire ne le recueillerait pas, ne sera pas regardé comme une substitution, et sera valable (art. 898). En d'autres termes, sont permises les substitutions vulgaires ; et en effet, elles ne présentent pas les inconvénients des fidéicommissaires ; l'appelé reçoit directement du donateur ; il n'y a pas d'ordre successif ; le testateur cherche seulement à accumuler les chances qui doivent lui donner un héritier. « Il en sera de même, ajoute l'art. 899, de la disposition entre-vifs ou testamentaire, par laquelle l'usufruit sera donné à l'un et la nue propriété à l'autre. » La nue propriété et l'usufruit sont deux objets différents ; on peut, sans établir d'ordre successif, se défaire de l'un et de l'autre en faveur de deux personnes différentes.

A l'empire succède la restauration. On devait s'attendre à une modi-

---

[1] Quoique les majorats forment de véritables substitutions, ils sont gouvernés par des règles spéciales. Il n'entre pas dans notre thèse d'étudier la législation sur cette matière, dont les principes généraux sont consignés dans les décrets que nous avons cités. Merlin, *Rép.* v° Duc, n° 6, et Majorat, § 6.

fication du Code civil. Effectivement, on proposa une loi tendant à rétablir le droit d'aînesse et les substitutions. Le gouvernement échoua sur le premier point, mais il réussit sur le second ; et le 17 mai 1826 parut une loi qui rétablit les substitutions. Elle les étendit moins que ne l'avait fait l'ordonnance de 1747, mais beaucoup plus que le Code civil. Elle souleva les difficultés qu'on rencontrait sous l'empire de l'ordonnance, et auxquelles avaient mis fin les rédacteurs de nos Codes. C'est elle qui nous régit aujourd'hui[1].

Après la révolution de juillet on réclama contre cette loi et contre les majorats. La chambre des députés voulut en 1835 supprimer à la fois ces deux institutions ; mais la chambre des pairs s'y refusa, et en abrogeant la loi sur les majorats, elle maintint les substitutions organisées par la loi de 1826 (loi du 12 mai 1835). Tel est à cette heure l'état de notre législation. Suppression des majorats établis par le Code civil ; rétablissement des substitutions qu'il avait rejetées.

Le droit de disposer par acte entre-vifs et testamentaire existe dans toutes les législations, et a été reconnu à peu près de tout temps ; pourquoi donc celui de substituer qui n'en est que la suite, que la conséquence n'a-t-il pas été reconnu par tous les législateurs ? Pourquoi a-t-il reçu tant de modifications ? Pourquoi là où on l'admet le circonscrit-on dans des limites étroites ?

C'est que les substitutions ne sont pas de ces institutions dont la modification ou la suppression n'influe pas sur le bien-être de la société ; elles tiennent à l'économie politique, à l'ordre social tout entier, aux principes constitutifs mêmes des gouvernements. Elles sont ou au moins elles ont toujours été regardées comme le plus sûr moyen d'en-

[1] Elle n'a qu'un seul article : « Les biens dont il est permis de disposer, aux termes des art. 913, 915 et 916 du Code civil, pourront être donnés en tout ou en partie ; par acte entre-vifs ou testamentaire, avec la charge de les rendre à un ou plusieurs enfants du donataire, nés ou à naître, jusqu'au deuxième degré inclusivement. Seront observés, pour l'exécution de cette disposition, les art. 1051 et suiv. du Code civil, jusques et y compris l'art. 1074. »

c

2.

tretenir la noblesse, comme le plus ferme appui qu'on puisse donner à un gouvernement monarchique, à un gouvernement despotique. Veut-on s'en convaincre, il suffit de savoir qu'anciennement on les défendait aux personnes rustiques, de remarquer qu'à chaque changement dans l'État, la législation des substitutions a subi des transformations totales. D'abord sans bornes, le pouvoir de substituer fut restreint, puis supprimé, rétabli dans les limites les plus étroites, agrandi, puis enfin il fut près de sa ruine; et que de ces grandes phases on rapproche la féodalité, le siècle de Louis XIV, la révolution, l'empire, la restauration, et enfin la révolution de 1830, et l'on se fera une idée de l'importance qu'on a toujours attachée aux substitutions, on aura la clef des modifications qu'elles ont dû subir toutes les fois qu'un mouvement s'est opéré dans les idées, qu'un nouveau principe est venu s'asseoir sur le trône. Aussi la noblesse a-t-elle toujours et partout été fort attachée à ce mode de transmission des biens; et réciproquement ceux qui ont voulu affaiblir sa puissance n'ont pas manqué d'attaquer les substitutions. C'est ce que firent, en Angleterre, les princes de la maison de Tudor, Henri VII, Henri VIII, Élisabeth qui, pour préparer la chute de l'aristocratie, n'hésitèrent pas à favoriser l'aliénation des biens substitués, même de ceux qui étaient reversibles à la couronne.

Il serait trop long de développer cet aperçu qui d'ailleurs, nous croyons, n'a pas besoin de commentaire. Prenons les choses seulement à la révolution. Nous avons dit les motifs qui s'opposaient, à cette époque, à la conservation de l'ordonnance de 1747. Lorsque la tourmente révolutionnaire s'apaisa, lors de la discussion du Code civil, les esprits étaient assez calmes pour qu'on discutât sagement une loi telle que celle qui nous occupe. Une fois le désir et le besoin de conserver des maisons puissantes disparus, les substitutions ne présentaient plus que des inconvénients. L'agriculture se détériore entre les mains du grevé de restitution; sa propriété n'est pas assez assurée pour qu'il donne à la terre tous les soins désirables. Le commerce languit faute

de confiance : on traite sous la foi d'immenses capitaux dont jouit un
débiteur, croyant avoir les capitaux eux-mêmes pour sûreté ; puis
bientôt on s'aperçoit, mais trop tard, qu'on a été la dupe d'un grevé
de substitution. Dans les familles auxquelles les substitutions conser-
vaient les plus grandes masses de fortune, chaque génération était le
plus souvent marquée par une honteuse faillite (Bigot-Préameneu).
Les immeubles sont retirés de la circulation. L'homme se met à la
place de la loi et détruit l'ordre légitime de succéder. Il s'élève des
difficultés et des procès sans nombre à chaque ouverture de substitution. Elles tendent toujours à l'avantage d'un seul au détriment de
tous les autres membres de la famille ; celui auquel son heureuse étoile
a fait accorder la préférence ne manque pas de recommencer la même
disposition, en sorte que pendant des siècles on voit une famille man-
quer de pain, quand quelques-uns de ses membres regorgent dans
l'abondance ; de là la discorde entre les parents ; car ce n'est pas d'un
œil sec et sans envie qu'on se voit réduit à implorer la pitié d'un frère
dont les titres à la fortune ne sont autres que l'orgueil d'un père, qui
a étouffé en lui les sentiments d'affection qui devaient le porter à ré-
partir ses biens avec équité entre tous ceux auxquels il a donné le
jour. Qu'en résulte-t-il ? Des haines envenimées, des procès suscités
par le besoin et une juste envie, etc.

C'est appuyés sur ces considérations que les rédacteurs du Code
ont supprimé les substitutions[1]. Mais ils étaient trop sages pour
enlever aux pères et mères et à ceux qui en tiennent lieu, le droit
de punir un enfant, un neveu, sans nuire à sa postérité. On avait
supprimé, et avec raison, l'exhérédation ; il fallait la remplacer. On
devait aussi permettre à des parents d'étendre leur sollicitude sur une
seconde génération, et d'assurer des moyens d'existence à des petits-
enfants. Les substitutions offraient les deux avantages ; on admit donc

[1] Ces inconvénients ne sont pas toujours les mêmes ; ils se font plus ou moins
sentir selon que le régime des substitutions est plus ou moins étendu.

une exception au principe général, et avec les précautions qu'on avait prises, nous verrons qu'on prévenait les abus des anciennes substitutions.

L'empire s'agrandit, devint puissant; les idées populaires commencèrent à s'effacer. Napoléon voulut se faire une cour, ajouter de nouvelles couleurs au blason. Il fit insérer une addition à l'art. 896 du Code civil, et les majorats furent organisés.

La restauration succéda à l'empire, et bientôt l'on vit promulguer la loi du 17 mai 1826, conçue dans un esprit opposé au Code civil. On se proposa un but tout politique. Le désir de relever la noblesse, d'arrêter la division infinie des propriétés, de donner un auxiliaire, un appui au gouvernement monarchique, l'emporta sur tous les abus signalés par les législateurs de l'an XI. Et en même temps on voulait rétablir le droit d'aînesse!

Enfin en 1830, les idées libérales reparurent, et nous avons vu qu'on demanda l'abolition et des substitutions et des majorats.

Qui sait si avant peu cette législation ne subira pas encore des transformations!

DEUXIÈME PARTIE.

DES PRINCIPES CONSTITUTIFS DES SUBSTITUTIONS.

Nous avons vu que le Code civil ne prohibait que les substitutions fidéicommissaires, et encore, sauf une exception ; que la loi du 17 mai 1826 les admettait, mais avec certaines restrictions. Or toute substitution, ainsi que nous le démontrerons plus tard, faite en dehors des limites permises, est nulle et entraîne la nullité de la disposition principale. Il est donc extrêmement important de connaître ce que c'est qu'une substitution, et de distinguer une pareille disposition de toutes celles qui ont avec elle une grande analogie.

Nous la définirons : une disposition expresse par laquelle le donataire, l'héritier institué ou le légataire est chargé de conserver et de rendre à sa mort ou à un temps postérieur, à un tiers qui lui survit ou dans certains cas à ses représentants, les choses données ou léguées. Cette définition n'est que le développement de l'art. 896; elle nous fournira la matière de cette partie.

Six conditions sont essentielles pour qu'il y ait une substitution :

1° Il faut une première disposition en faveur du grevé[1]. De là la maxime, *neme oneratus nisi honoratus*. Cette disposition doit avoir été faite non pas dans l'intérêt exclusif du grevé, mais au moins dans le but de l'avantager. L'art. 896 le démontre, en ne le prenant que parmi ceux auxquels profite l'institution, c'est-à-dire parmi les donataires, l'héritier institué ou le légataire. Il faut que le grevé possède la chose donnée non à titre de dépositaire, ou d'exécuteur d'un legs soumis à condition, mais en qualité de propriétaire dont le droit seulement est sujet à résolution en cas d'existence et de survie des appelés. Ainsi il n'y aurait pas de substitution dans la disposition par laquelle le testateur aurait chargé son exécuteur testamentaire de remettre tel objet à un tiers; parce que la propriété n'a pas reposé un instant sur la tête de cet exécuteur, qu'il n'est regardé que comme dépositaire; il ne fait que prêter son ministère.

Il est plus difficile de distinguer une substitution d'une simple fiducie. On appelle héritier fiduciaire la personne que le testateur a chargée, en l'instituant héritière pour la forme, d'administrer la succession, et de la tenir en dépôt jusqu'au moment où elle la remettra au véritable héritier[2]. On ne peut pas indiquer de règle précise qui fasse reconnaître une fiducie d'une substitution, et comme la première

---

[1] On appelle grevé le *donataire* chargé de rendre, et *appelé* ou *substitué* celui auquel les biens doivent être rendus.

[2] Merlin, *Rép.* v° Fiduciaire ; Toulouse, 18 mai 1824, D. P., XXV, 2, 23.

est toute conjecturale et qu'elle dépend des termes employés dans le testament, c'est à la prudence des juges d'apprécier quelle a été l'intention du testateur, et s'il a voulu instituer un héritier plutôt en faveur des appelés et à leur considération, que pour lui-même. Il faut s'attacher à distinguer si l'héritier a été institué pour son avantage personnel, s'il est propriétaire et non-seulement dépositaire, ou si seulement il garde les biens, sans prendre les fruits, à moins de disposition expresse[1], pour les remettre avant sa mort aux appelés, et parce que le testateur a estimé que ces biens seraient mieux entre ses mains qu'entre celles d'un tuteur. Quand il y a simple fiducie, il n'existe réellement qu'un seul donataire, celui auquel la restitution doit être faite; il est saisi du moment de la mort du testateur. Cette distinction était fort importante à l'époque où les substitutions étaient prohibées, car ni la loi du 14 novembre 1792 ni le Code civil n'ont aboli les simples fiducies; elle l'est moins aujourd'hui. Seulement, en cas de doute, et d'après le principe que nous aurons souvent occasion d'appliquer, il faut entendre la disposition dans un sens qui lui donne effet, plutôt que dans celui qui la ferait annuler; on ne doit pas supposer qu'un testateur ait voulu ce que la loi défendait.

2° Un ou plusieurs appelés, nés ou à naître. Il faut que l'appelé soit un tiers, c'est-à-dire qu'il ne soit pas le donateur lui-même; sans quoi la disposition contiendrait un droit de retour, et non une substitution. Il en serait autrement si le droit de retour était stipulé au profit des héritiers du donateur, ou d'un tiers; ce ne serait plus un simple droit de retour, puisque le donateur ne peut le stipuler qu'à son profit, et c'est précisément parce qu'il formerait une substitution s'il était stipulé au profit d'un tiers, que le Code civil a prohibé une pareille disposition[2].

[1] L. 3, § 3, D. de usuris; L. 46, D. ad. S. C. Treb.
[2] Sous l'ancien Droit, le droit de retour stipulé au profit d'un autre que le donateur était une substitution et non un simple droit de retour. Cass., 22 janvier 1839. Sir., XXXIX, 1, 193; 22 juin 1812. Sir., XIII, 1, 24; 30 mars 1829.

3° Que les termes employés soient exprès.

Le Droit romain était favorable aux substitutions, et il voulait qu'on recherchât soigneusement la volonté du testateur lorsqu'elle était douteuse, et cela surtout dans les fidéicommis[1]. Il en résultait une quantité de difficultés sur le sens de chacune des dispositions d'un testament, et il était rare qu'on n'y rencontrât pas quelque fidéicommis. Pour obvier à ces inconvénients, l'art. 17 de l'édit perpétuel de 1611, engagea les testateurs à expliquer clairement leur volonté. L'ordonnance de 1747 répéta la même chose, et l'on voit par son préambule que d'Aguesseau a entendu bannir les substitutions conjecturales. Cette ordonnance, dans les art. 19 et 21, tit. 1, fournit deux exemples d'où l'on aurait pu facilement induire des substitutions d'après la faveur surtout que semblaient mériter les appelés ; néanmoins elle déclara qu'ils n'en contenaient pas. Mais l'ordonnance ne prohibait pas les conjectures fondées sur des textes précis du Droit romain[2]. Aujourd'hui on n'admet aucune conjecture, pas plus celle

Sir., XXIX, 1, 294. Depuis le Code civil, la Cour de cassation a changé de jurisprudence, et elle décide que la stipulation au profit d'un tiers doit être réputée non écrite, et ne forme pas une substitution. Cass., 3 juin 1823, Sir., XXIII, 1, 309 ; 8 juin 1836, Sir., XXXVI, 1, 463 ; Bordeaux, 22 juin 1835, Sir., XXXV, 2, 523 ; Bordeaux, 5 mars 1824, Sir., XXIV, 2, 146 ; Duranton, VIII, n°s 93 et 487 ; voy. cep. n° 68. Nous croyons qu'il y a erreur dans toutes ces décisions, car peu importe les termes employés, pourvu que la chose existe. Rolland de Villargues, n°s 84 et suiv. et 296 ; Merlin, Rép., v° Subst. fid., sect. 8, n° 10, et Quest. de dr. eod., § 4 ; Grenier, n°s 34 et 34 bis ; Toullier, n°s 48 et 287 ; Delvincourt, Vazeille, Des Donations, sur l'art. 896, n° 21, et sur l'art. 951, n° 7 ; Arrêts des Cours d'Amiens, 25 février 1837, Sir., XXXVII, 2, 478 ; Pau, 4 janvier 1826, Sir., XXVII, 2, 69 ; Toulouse, 10 août 1820, Sir., XX, 2, 320 ; voy. aussi Cass., 22 juin 1812, Sir., XIII, 1, 24 ; Décret impérial du 31 octobre 1810. Chabrol, t. II, p. 128, sur la Coutume d'Auvergne ; Rouen, 24 août 1812, Sir., XXIV, 2, 1 ; Nimes, 4 avril 1827, Sir., XXVII, 2, 252.

[1] L. 95, D. de Legat., 3°. L. 64, D. de Legat., 2°.
[2] Furgole, sur le Préambule, et l'art. 19 de l'ordonnance de 1747.

3

qui a sa source dans le Droit romain que toute autre[1]. Le Droit romain a cessé d'avoir force de loi en France depuis la loi du 30 ventôse
an XII, et les admettre, ce serait aller contre l'esprit de l'ancienne jurisprudence et de nos Codes. Celle-là les admettait, parce qu'elle croyait
par là seconder la volonté du testateur ; ceux-ci les rejettent parce
qu'ils croient encore l'exécuter ; d'ailleurs la substitution contient une
charge imposée à l'héritier, et les charges ne se supposent pas facilement.

Il semblerait, d'après cela, qu'il faut, pour l'existence d'une substitution, qu'elle soit exprimée en termes exprès. Non, telle n'a pas été
notre pensée; nous avons voulu dire seulement qu'il était nécessaire
qu'elle résultât clairement des mots employés ou d'une induction évidente. « Il faut, dit Ricard (*Des substitutions*, n° 393), restreindre les
conjectures à des conjectures violentes, qui font connaître clairement
que la volonté du testateur a été de substituer ; » et Thevenot, n°s 181 et
182 : « l'omission des termes du fidéicommis ne doit pas en empêcher
l'effet, si l'on voit par la liaison et le rapport de ce qui se trouve écrit,
que c'est un simple oubli de mots (L. 67, § 9, *D. de legat.*, 2°), si la
volonté de faire une substitution paraît évidemment par le surplus du
contexte[2]. » L'exemple cité en l'art. 19 de l'ordonnance de 1747, corro-
bore cette manière de voir; telle est aussi la jurisprudence de la Cour
de cassation[3], car il n'est plus de termes auxquels la loi attache spécialement l'effet de produire une substitution. L'appréciation en est
laissée aux lumières des juges.

De ce qu'il n'y a pas d'expressions consacrées pour exprimer une substitution, il semblerait qu'on peut l'induire, comme à Rome, de termes

[1] Aix, 10 février 1825, Sir., XXVII, 1, 223; Cass., 7 décembre 1826, Sir.,
XXVII, 1, 223; mais elles sont admissibles pour les substitutions créées antérieu-
rement à l'ordonnance de 1747. Cass., 5 janvier 1807, Sir., VII, 1, 23.

[2] Arrêts du parlement de Paris du 19 avril 1767 et 1er février 1768 dans Merlin,
Rép., v° Subst. fid., sect. 8, n° 2.

[3] Cass., 22 juin 1812.

précatifs, aussi bien que de termes formels. Cependant tous les auteurs, et avec eux la jurisprudence, soutiennent la négative[1]. Nous avons peine à nous rendre devant toutes ces autorités, et d'abord remarquons qu'elles sont toutes d'une date antérieure à la loi du 17 mai 1826. Pour plus de clarté, précisons la question, et posons-la ainsi : Je donne mes biens à Paul, et le prie de les conserver et les rendre à ses enfants. Paul, de son vivant, après avoir fait transcrire l'acte de donation, aliène les biens. A sa mort, ses enfants soutiennent que la donation faite à leur père contenait une substitution, et que par conséquent il n'a pu disposer de ce qu'elle renfermait. Sont-ils fondés dans leur demande? D'abord, nous le répétons, il n'y a pas de termes consacrés pour exprimer une substitution. Le Code exige, à la vérité, la charge de rendre, mais on tombe généralement d'accord qu'il n'est pas besoin qu'elle existe en propres termes; il suffit qu'elle résulte de l'ensemble de la disposition; or, peu importe qu'on l'induise d'un ordre ou d'une prière, la chose n'en est-elle pas la même? En rédigeant l'art. 896, le législateur avait le Droit romain sous les yeux; il savait que, quoique dans l'origine, les fidéicommis ne fussent pas obligatoires, ils étaient néanmoins presque toujours exécutés. Il a voulu empêcher qu'un grevé de bonne foi ne se regardât comme naturellement obligé : aussi dans sa prohibition a-t-il dû embrasser la prière de même que la charge. Est-ce le texte ou l'esprit de la loi qui doit prévaloir? En maintenant sous l'empire du Code un don fait avec prière formelle de rendre à un tiers, comme ne renfermant pas de substitution, on favorise nécessairement ou la fraude faite à la loi, car l'homme probe restituera, ou la fraude faite à la volonté du donateur, car l'homme sans délicatesse ne restituera pas. Or, précisément le motif qui a porté les rédacteurs du Code à annuler même la disposition principale, a été d'éviter ces deux écueils. On est d'autant plus porté

[1] Voy. entre autres, Turin, 22 décembre 1810. Dalloz, *Rép.*, v° Subst., sect. 1, art. 1, § 2, 2ᵉ subd., n° 10 ; Bruxelles, 4 avril 1807 ; Cass., 5 janvier 1809, Merlin, *Rép.*, v° Subst. fid., sect. 8, n° 7.

c   3.

à voir des substitutions dans la prière de rendre, qu'on sait que ceux qui veulent en faire, en vont chercher les expressions dans la. législation où elles ont pris naissance. Ne doit-on pas exécuter ce qu'a voulu le donateur ? sa volonté est-elle moins forte pour l'avoir exprimée par des prières ? Sous les coutumes, les termes précatifs suffisaient encore pour exprimer une substitution, on en donnait pour motif que la prière de rendre, était une manière plus polie d'exprimer ce qu'on exigeait de l'héritier[1]. Comment établir une démarcation entre la prière, qui peut être plus ou moins pressante, et des termes plus ou moins impératifs ?

L'arrêt de la Cour de Bruxelles ne décide pas formellement la question ; il a été rendu dans une espèce où d'autres expressions contribuaient à exclure l'idée d'une substitution. Mais dans le pourvoi, la question elle-même a été examinée avec la logique que mettait ordinairement le procureur-général Merlin dans son argumentation ; il se prononce pour le rejet du pourvoi, par le motif que dans le doute sur le sens d'une clause, l'interprétation qui tend à valider l'acte dont cette clause fait partie, doit être préférée à l'interprétation qui le ferait annuler, et qu'un donateur n'est pas censé avoir voulu faire ce que la loi lui défendait, et encore moins ce qui aurait entraîné l'anéantissement de sa disposition principale. Nous partageons entièrement l'opinion de M. Merlin ; nous demandons même l'application du principe qu'il exprime ; mais nous voulons qu'on le renferme dans ses propres expressions, c'est-à-dire, qu'il y ait doute sur le sens de la disposition. Tout ce que nous désirons, c'est qu'on nous accorde qu'une prière peut aussi bien former une substitution que des termes impératifs. C'est pourquoi tout en approuvant l'arrêt de la Cour de Bruxelles, nous croyons que celui de la Cour de Turin renferme un mal jugé.

On voit que notre savant procureur-général argumentait dans une espèce dont la disposition principale aurait été annulée, si l'on y

[1] Denisart, v° Subst., n° 28.

avait vu une substitution. Aussi raisonne-t-il tout différemment dans l'exemple que nous supposons, lorsqu'il s'agit au contraire de maintenir les deux dispositions. Un donateur, dit-il, est censé ne rien écrire d'inutile; ses expressions doivent toujours être ramenées à l'interprétation la plus propre à leur donner les effets qui sont autorisés par la loi; sous une législation qui autorise les substitutions, on doit bien plutôt supposer à un testateur qui prie, l'intention de faire une substitution, que l'intention de faire une disposition purement illusoire [1].

Ainsi, toute espèce de termes, précatifs ou autres, peuvent exprimer une substitution, pourvu qu'ils indiquent clairement l'intention du disposant; sauf, dans le doute, à être plus ou moins sévère dans l'interprétation, selon que la disposition contiendra une substitution permise ou prohibée.

4° Il doit y avoir à la fois charge de conserver et de rendre à la mort.

La question de savoir si la charge de rendre doit être imposée à une époque quelconque ou seulement à la mort du grevé, a fort divisé les auteurs. Son importance justifie cette controverse. Maintenant elle ne fait plus doute, et l'on est généralement d'accord que pour qu'il y ait substitution, il faut la condition que le grevé ne rendra qu'à sa mort. Les rapports au conseil d'État et les discussions sur le Code civil, nous montrent qu'on a voulu abolir les substitutions telles qu'elles existaient avant la loi de 1792 [2]. Dans l'ancienne jurisprudence, le grevé n'était jamais présumé n'avoir été chargé de rendre qu'à sa mort [3]. L'art. 896 contient une exception et renvoie aux art. 1048 et suiv. ; les art. 1048 et suiv. contiennent donc le même principe que l'art. 896, car ce qui est prohibé généralement à tous les autres mem-

[1] Conf. Duranton, VIII, n° 71.

[2] Bigot-Préamenen, séance du 2 floréal an XI.

[3] Ricard, ch. 10, n° 6; Thévenot, n°ˢ 919 et suiv., 500 et 501; Furgole, ch. 7, sect. 6, n° 18.

bres de la société, doit être de même nature que ce qui n'est permis que par privilége à quelques personnes. Or, dans la discussion du Code, on a exprimé plusieurs fois l'opinion que le père grevé ne rendrait à ses enfants qu'à sa mort[1]. Cela résulte des termes mêmes des art. 1048 et 1049. Les legs à terme, sous condition, sont permis (art. 900). Comment les distinguer d'une substitution, si la charge de rendre peut être imposée dans celle-ci avant la mort du grevé[2]?

Autrefois la seule charge de rendre sans celle de conserver emportait substitution. Lorsque la substitution n'est point autorisée, on doit, sans hésiter, déclarer le contraire. Car les substitutions n'existant plus, la présomption que le disposant a voulu suivre l'usage commun n'est plus admissible; l'entendre de celle de rendre à la mort, c'est anéantir la disposition, et il est plus logique d'interpréter une clause ambiguë de manière à lui donner effet qu'à l'annuler. *Actus intelligendi sunt potius ut valeant, quam ut pereant.* Sans la charge de conserver, celle de rendre ne serait qu'un fidéicommis pur et simple qui s'ouvrirait de suite et donnerait à l'appelé le droit d'exiger à l'instant la chose léguée. Le grevé ne figurerait que pour prêter son ministère[3].

Et quand même il s'agirait de substitution permise, nous pensons qu'il en doit encore être de même, et nous ne saurions partager l'avis de MM. Duranton et Dalloz, qui pensent, le premier, « que la charge de rendre, émise indéterminément, devrait s'entendre, comme dans notre ancienne jurisprudence, de la charge de rendre à la mort du grevé (c'est-à-dire constituer une substitution); car telle a été probablement la volonté du disposant; » et le second de subordonner aux circonstances l'acception indéfinie des mots: *à la charge de rendre.*

---

[1] *Conférence du Code civil*, édit. de Didot, p. 119 à 127.

[2] Merlin, *Quest. de droit*, v° Subst. fid., § 6; Rolland de Villargues, ch. 4 et 5; Duranton, VIII, n°s 77 et suiv.; Toullier, V, n°s 21 et suiv.; Delvincourt, ch. 4 du liv. 3, tit. 4, n° 5; Colmar, 8 août 1819, Sir., XX, 2, 34, et 25 août 1825; Sirey, XXVI, 2, 45; Cass., 8 août 1808, Sir., VIII, 1, 505.

[3] Ricard, 2e part., ch. 10, n° 2.

Quelque respectable que soit la volonté du disposant, celle de la loi doit encore passer avant. Qu'anciennement on ait décidé autrement, cela se conçoit à une époque où il n'y avait pas de textes précis ; mais aujourd'hui le Code n'entend par substitution que la charge à la fois de conserver et de rendre ; si la charge de rendre suffisait seule, il y aurait pléonasme ou redondance dans l'art. 896 ; or, cela ne se suppose pas facilement. Les conditions ne se suppléent pas, et la mort du grevé en est une par rapport à l'appelé. Autrefois les substitutions étaient en grand honneur, chacun en faisait, on présumait facilement que le testateur s'était conformé à l'usage ; de nos jours, on doit supposer directement le contraire. Au lieu d'une substitution fidéicommissaire, on verra dans cette disposition un simple fidéicommis, un legs, et par là on donnera effet à la clause. Bien plus, c'est la charge de conserver qui constitue l'ordre successif, qui est la principale cause de l'abolition des substitutions et des abus qu'elles entraînaient. C'est à ce caractère qu'on les reconnaît, et il n'existe qu'autant que la propriété, après avoir reposé sur la tête du grevé, passe sur celle de l'appelé ; qu'ils ne sont pas appelés conjointement, ou l'un à défaut de l'autre, ce qui ferait une substitution vulgaire ; il faut qu'ils recueillent l'un après l'autre ; que l'appelé succède (l'expression n'est peut-être pas prise dans son acception propre) au grevé ; en un mot, qu'ils soient gratifiés *ordino successivo* et *non conjunctivo seu simultaneo*[1].

Au surplus, comme nous l'avons déjà dit en parlant des conjectures, il n'est pas nécessaire que la clause, pour contenir une substitution, renferme expressément les termes dont s'est servi le Code, *charge de conserver et de rendre ;* il suffit qu'on l'induise, par une induction forcée, de l'ensemble de la disposition[2].

C'est l'ordre successif qui distingue la substitution du legs ou des

[1] Peregrinus, *D. fid.*, art. 17 et 18 ; Toullier, V, nos 23 et 24.
[2] Cass., 12 mai 1819, Sir., XX, 1, 79 ; Cass., 5 janvier 1809, Sir., IX, 1, 329 ; Nîmes, 11 août 1812, Sir., XIV, 2, 85.

fidéicommis, qui jamais n'ont été prohibés dans notre législation. Pour plus de clarté, développons cette proposition.

On distingue : 1° les fidéicommis purs et simples ; 2° les fidéicommis à terme certain ou incertain ; et 3° les fidéicommis conditionnels.

Le premier est une disposition par laquelle le testateur charge son héritier (*sensu lato*) de remettre, aussitôt sa mort arrivée, un objet de sa succession à un tiers, en sorte que le droit de l'appelé n'est suspendu par aucune condition, s'ouvre aussitôt que l'acte dans lequel il est écrit commence d'exister avec effet, et qui, par conséquent, est dès lors transmissible à l'héritier du substitué, si celui-ci vient à décéder avant d'en avoir obtenu la délivrance. Telle serait cette clause : j'institue Paul mon héritier, et le charge de remettre à Jean moitié de ma succession. A l'instant de ma mort, Jean a droit à moitié de ma succession, et s'il venait à mourir lui-même avant qu'elle ne lui fût délivrée, son droit passerait à ses héritiers. Il n'y a pas là d'ordre successif ; la propriété ne repose pas un instant sur la tête du grevé, qui n'est, à proprement parler, que l'exécuteur des volontés du défunt. Ce fidéicommis ne tombe pas sous la prohibition de l'art. 896, et n'a jamais formé de substitution. L'art. 1121 semble même l'autoriser pour les actes entre-vifs.

Le fidéicommis à terme est celui dans lequel le droit du substitué s'ouvre au moment où la disposition a effet, mais est suspendu jusqu'à un jour certain ou incertain. Je donne mille francs à *Primus* et le charge de les rendre à Paul dans dix ans. Voilà le premier. Je donne à *Primus* ma maison et le charge de la rendre à *Secundus* lorsque ce dernier mourra ; tel est le second. D'abord cette disposition n'est pas conditionnelle, car la condition arrivera nécessairement (L. 75, *D. de cond. et demonst.*). Ces fidéicommis ne renferment pas de substitution. Comme dans le fidéicommis pur et simple le droit de l'appelé s'ouvre à la mort du testateur ; dès cet instant il a un droit acquis à la chose léguée et transmissible à ses héritiers ; seulement l'exercice en est retardé jusqu'à une certaine époque : *Dies cedit sed non venit.* La transmission s'opère directement et immédiatement de l'auteur de la libéralité à celui qui en est l'objet. Il peut hypothéquer, vendre valablement la chose léguée, sans que la vente soit soumise à aucune incertitude; car il est incommutable propriétaire, à la différence de ce qui arriverait dans une substitution où son droit ne s'ouvre qu'à la mort du grevé, où son titre à la propriété est soumis à la condition qu'il lui survivra. Ainsi, comme nous le disons, l'hypothèque consentie par l'appelé dans le premier cas serait valable; elle ne le serait pas dans le second. On ne remarque pas dans ce fidéicommis d'ordre successif; les droits de chacun sont fixés à la mort du testateur; aucune incertitude ne règne dans la propriété; les biens restent dans le commerce. Ce n'est, à proprement parler, qu'une espèce de droit d'usufruit accordé à l'héritier. L'art. 1121 ne prohibe pas les fidéicommis à terme, et l'art. 1041 les déclare valables.

Toutes les substitutions sont des fidéicommis conditionnels, mais l'inverse n'est pas vrai. En effet, dans les legs et les substitutions le terme ou le jour incertain équivaut à une condition : *Dies incertus conditionem in testamento facit* (L. 75, *D. de cond. et demonst.*[1]). Ainsi, si j'ai grevé mon héritier d'un legs lorsqu'il mourrait, le legs est conditionnel (L. 79, § 1, *de condit. et demonst.*). Il est certain que mon héritier mourra; cette clause ne semblerait donc renfermer qu'un terme; mais remarquez que je n'ai voulu gratifier que le légataire lui-même et non ses héritiers, que le droit ne peut être acquis que par la personne du substitué; quoiqu'il soit hors de doute que mon héritier mourra, il n'est pas aussi certain que le légataire mourra après lui, condition à laquelle est attachée le legs; en sorte que si le légataire meurt avant mon héritier, la condition n'étant pas accomplie, il n'aura rien transmis à ses propres héritiers, et le legs qui,

---

[1] Durousseau de Lacombe, v° Jour; Furgole, *Des Test.*, t. II, p. 132, édit. in-4°. et sur l'art. 20 de l'ord. de 1747; *Le nouveau Denisart*, t. V, p. 113; Pothier, *Des Oblig.*, n° 203.

dans l'espèce ; est une substitution , sera caduque. Toutes les substitutions sont donc conditionnelles de leur nature (voy. *suprà*, p. 31).

L'existence de la substitution peut être elle-même conditionnelle, et il n'est question que de celle-là lorsqu'on la compare au fidéicommis conditionnel. J'institue *Primus* mon héritier universel ; mais s'il me vient une sœur, je le charge à sa mort de lui rendre ma succession. Il y a là le germe d'une substitution ; elle existera ou n'existera pas, selon qu'il me viendra ou non une sœur. Ces substitutions conditionnelles sont comprises dans la prohibition que prononce l'art. 896 ; le Code ne distingue et aucun motif de distinction n'existait[1].

On définit les fidéicommis conditionnels : ceux qui ne sont faits que pour avoir lieu dans le cas d'un événement futur et incertain prévu par le testateur, et dont l'effet demeure en suspens jusqu'à l'événement de la condition ou est résolu par cet événement. Ces sortes de fidéicommis offrent beaucoup des inconvénients des substitutions. Mais ce n'était pas un motif pour renverser toutes les dispositions qui en présentent quelques-uns ; c'est ainsi que le Code a admis la révocation des donations pour survenance d'enfant, la stipulation du droit de retour et les legs conditionnels aussi (art. 900). Ces fidéicommis sont parfois fort difficiles à distinguer des substitutions. Il importe cependant de le faire sous une législation qui admet les uns et repousse les autres en partie. Voici quelques principes qui serviront à établir la distinction. Dans le fidéicommis conditionnel il n'y a qu'un degré, une seule transmission ; le légataire tient directement et immédiatement du testateur[2]. Dès que la condition s'accomplit, la propriété est censée ne pas avoir existé sur la tête de l'héritier ; le trait de temps disparaît ; il y a lieu d'appliquer l'art. 1183 dans toute sa

[1] Nîmes, 14 août 1812, Sir., XIV, 2, 85 ; Cass., 8 juin 1812, Sir., XII, 1, 363, et la nullité doit être prononcée avant que la condition soit réalisée ou défaillie ; Nîmes, id. ; Rouen, 24 août 1812, Sir., XIV, 2, 1.

[2] On explique cette transmission immédiate par l'effet rétroactif que l'on donne à la condition accomplie.

rigueur. Dans le fidéicommis conditionnel, point d'ordre successif ; la condition ne doit jamais être la mort de l'héritier. Dans la substitution il y a au moins deux degrés, deux transmissions ; il y a impression sur la tête de deux personnes ; l'appelé tient immédiatement du grevé, de telle sorte que celui-ci ne peut pas, malgré l'événement de la condition, être censé n'avoir jamais été propriétaire ; c'est pourquoi la propriété des appelés ne remonte jamais au delà de l'ouverture de la substitution. La condition doit toujours être la mort du grevé ou arriver dans un temps postérieur, mais jamais antérieur ; de là l'ordre successif. Ce dernier caractère appartient exclusivement à la substitution ; il sert à empêcher que sous les apparences d'un legs conditionnel on ne déguise une substitution. Je lègue mes biens à Paul, et si Paul ne parvient pas à l'âge de cent ans, je lègue mes biens à Pierre. Il est évident qu'on rencontre dans cette disposition, qui ne paraît être qu'un legs conditionnel, tous les caractères d'une substitution.

On peut voir dans tous les auteurs et les recueils de jurisprudence les difficultés qu'on rencontre souvent à distinguer un legs conditionnel d'une substitution, et la controverse qui existe à cet égard sur une quantité d'espèces différentes ; et ce n'est pas sans fondement qu'on avancerait qu'on ne trouve dans la pratique, en matière de substitutions, des difficultés que sur ce point. Ainsi on a vu des substitutions dans ces clauses : Si mon légataire décède sans postérité, la chose retournera à mes héritiers *ab intestat*. — Je charge Pierre de rendre à Paul, s'il meurt avant cinquante ans[1]. — Je lègue à Paul mes biens, à la charge de les conserver et de les rendre à sa mort à mon fils, s'il revient de l'armée. — Je donne ma maison à A et B, pour en jouir ensemble et hériter l'un de l'autre. — Je lègue ma maison à Paul, s'il survit à mon héritier institué. — J'institue Pierre et Paul, et au décès de l'un je le charge de rendre à l'autre mon hérédité. — J'institue Pierre et le charge d'établir une substitution pour les biens que je lui donne[2], etc.

[1] Cass., 3 novembre 1824, Sir., XXV, 1, 42.
[2] Bruxelles, 20 février 1809, Sir., X, 2, 546.

c.   4.

On ne doit voir, au contraire, que des fidéicommis conditionnels dans ces clauses : Je lègue à Paul mes biens, à la charge de les conserver et de les rendre à mon fils absent s'il revient de l'armée.—Je lègue à Paul mes biens, et il les rendra à mon fils s'il se marie avant l'âge de trente ans. — Je lègue ma maison à Pierre s'il survit à Paul. — Paul recueillera mes biens, mais il les rendra à sa fille si elle atteint sa majorité. — Je lègue ma maison au survivant de Pierre et de Paul, etc.[1].

Quand la prohibition[2] d'aliéner emporte-t-elle substitution ? Il faut qu'elle soit faite au profit de personnes désignées, sans quoi ce ne serait qu'un simple avis non obligatoire (L. 114, § 14. D. de legat., 1°); mais quand elle est faite en faveur de quelques personnes désignées (je lègue mes biens à Pierre et je lui défends de les aliéner, afin qu'ils soient conservés à Paul; — je défends à mon légataire d'aliéner hors de sa famille[3]), les lois romaines, l'ancienne jurisprudence et les auteurs modernes sont à peu près d'accord qu'elle renferme une substitution dans le sens de l'art. 896[4]. Il faut peser les termes dont s'est servi le disposant, et voir si la défense d'aliéner est en faveur de tierces personnes ou seulement de l'héritier; dans le premier cas il y aurait substitution, dans le second il n'y en aurait pas. L'ancienne jurisprudence allait plus loin, et voyait une substitution dans la simple défense de tester. Elle se fondit sur la L. 74, pr. D. ad S. C. Treb. Il n'en serait pas de même de nos jours. Car la défense de tester ne comprend pas celle d'aliéner autrement, et par conséquent la charge de conserver.

---

[1] Rolland de Villargues, n° 93 ; Toullier, n° 46. Cass..; 26 juillet 1808, Sir., VIII, 1, 382.

[2] Nous disons la prohibition, car jamais le Conseil n'a fait doute. L. 77, § 24, D. de legat., 2°.

[3] Sur le fidéicommis de famille et la défense d'aliéner, voy. Pothier, Des Subst., sect. 3, art. 3.

[4] L. 114, § 14, D. de legat., 1°; L. 74, Pr. D. ad S. C. Trebel; Thevenot, ch. 11, § 9; Merlin, Rép., v° Subst. fid., sect. 8, n° 5 bis; Grenier, t. I, p. 111; Delaporte, Pand. franc., t. IV, p. 26; Toullier, n° 51.

Ce ne serait, dans toutes les hypothèses possibles, que la charge de rendre *quod supererit*. D'ailleurs le sens de la loi invoquée était fort controversé, et comme elle contenait des circonstances particulières, on en concluait qu'elle ne devait pas avoir une application générale ; et quand cette controverse n'existerait pas, il est néanmoins certain que toutes les dispositions qui formaient en Droit romain des substitutions, n'en constituent pas dans le nôtre.

Ceci nous amène à examiner une autre disposition qui contenait en Droit romain le fidéicommis appelé *de eo quod supererit*. Je donne ma succession à Paul, à la charge de rendre à sa mort, et à Pierre *ce qui restera, id quod supererit*. Cette clause formait une substitution en Droit romain[1], parce que le légataire n'avait pas la liberté de tout aliéner, mais cette restriction n'existe plus ; aucune condition n'a été apposée à la faculté d'aliéner ; le légataire peut donc vendre, donner par acte entre-vifs et testamentaire[2] ; il n'est donc plus chargé de conserver, et par suite pareille disposition qui ne présente d'ailleurs aucun inconvénient, ne saurait renfermer de substitution. Telle était déjà la décision de la coutume de Bretagne où ces sortes de clauses s'inséraient et s'insèrent encore souvent dans les contrats de mariage[3]. En vertu de cette disposition, le second légataire recueillera dans la succession du premier ce qui restera de l'hérédité à laquelle il a été appelé[4].

J'institue Paul et je lui substitue Pierre. Thevenot, ch. 11, § 3 et ch. 23, nous dit que cette clause formait une substitution fidéicommissaire.

[1] Mais la disposition *si quid supererit*, n'en formait pas une.

[2] *Contrà* Cass., 1er février 1827, Sir., XXVII, 1, 422.

[3] Toullier, n° 38, note ; Duranton, VIII, n° 74 ; Grenier, I, 112 ; Cass., 17 février 1836, Sir., XXXVI, 1, 82 ; Cass., 5 juillet 1832, Sir., XXXII, 1, 430 ; Cass., 14 mars 1832, Sir., XXXII, 1, 604 ; Bruxelles, 14 novembre 1809, Sir., X, 2, 238 ; Colmar, 6 février 1824 ; Montpellier, 13 février 1829, Sir., XXX, 2, 13.

[4] M. Rolland de Villargues, n°s 234, 235, soutient le contraire ; mais son argumentation manque de base, et se trouve en contradiction avec les principes du Code civil sur les conditions.

« Cependant, ajoute Ricard, ch. 6, n° 261, l'opinion presque universelle des docteurs est, que si le testateur s'est servi du mot *je substitue,*
sans en ajouter d'autres qui la détermine directe ou fidéicommissaire,
elle a l'effet d'une véritable substitution compendieuse[1], et elle peut
valoir comme directe ou fidéicommissaire, suivant le cas qui se présentera. » Il en serait encore de même, à moins qu'elle ne soit faite par
acte entre-vifs; car alors elle ne vaudrait, pour le premier degré au
moins, que comme fidéicommissaire.

Les termes : *je mets à la place,* équivalent à ceux de : *je substitue.*
Mais si on y ajoutait d'autres expressions, par exemple, « *et à son
décès*[2], » ce devrait être une substitution fidéicommissaire. Les mots :
j'institue Paul, et en cas de décès je donne ma succession à Pierre,
exprime la même espèce de substitution[3]. Dans tous les cas où une
disposition présentera des doutes, il faut se prononcer dans le sens qui
exclut l'idée d'une substitution prohibée (art. 1157; L. 12. *D. de reb.
dub.*). Il est à supposer que le disposant n'a pas voulu faire un acte
prohibé et nul. Ce n'est pas sur les mots, mais bien sur le fond des
choses qu'il faut baser sa décision, et ne pas craindre d'annuler une
disposition contenant une substitution prohibée, déguisée sous la forme
d'un droit de retour, d'accroissement ou d'usufruit. C'est par application de cette règle d'interprétation que les Cours de cassation (16 juillet
1838, Sir., XXXVIII, 1, 705; Amiens, 18 août 1837; Paris, 17 décembre 1836, Sir., XXXVII, 2, 11; Limoges, 23 juillet 1834, D. P., XXXIV,
1, 417), entre deux manières d'interpréter ont choisi celle qui donnait
vie à l'acte[4]. Cependant les décisions des Cours royales ne sont pas tou-

[1] C'est celle qui contient à la fois plusieurs substitutions différentes renfermées
dans une même disposition; Cass., 23 juillet 1834, Sir., XXXIV, 1, 577. Il en
est de même des mots : *Je charge de transmettre.* Cass., 8 juillet 1834, Sir.,
XXXIV, 1, 754.

[2] Cass., 3 novembre 1824, Sir., XXV, 1, 42.

[3] Thevenot, ch. 23, n° 4.

[4] Cass., 23 juillet 1834, Sir., XXXIV, 1, 577; Cass., 24 mars 1829, Sir.,
XXIX, 1, 293; Cass., 5 juillet 1832, Sir., XXXII, 1, 430.

jours à l'abri du recours en cassation. Des arrêts de cette Cour qui semblent contradictoires, on a tiré la règle suivante : La Cour royale ne s'est-elle trompée que sur l'existence de tel ou tel fait qui, s'il existait réellement, caractériserait une substitution? Erreur de fait; la Cour suprême n'en connaîtra pas. Mais la Cour royale s'est-elle trompée sur le véritable caractère qu'il fallait attacher à certains faits qu'elle a constatés elle-même, qu'elle a déclarés exister? Erreur de droit, qui sera déférée à la Cour suprême[1].

5° Le substitué doit-il survivre à l'institué? Ou, s'il meurt avant le grevé, son droit est-il transmis à ses héritiers? En un mot, la représentation est-elle admise dans les substitutions[2]? Autrefois la plus grande controverse existait à cet égard entre les auteurs. La jurisprudence n'était pas uniforme. Dans certains pays, entre autres au parlement de Toulouse, la représentation était admise en ligne directe; dans d'autres on ne l'admettait jamais[3]. L'ordonnance de 1747 mit fin aux discussions; et par ses art. 20 et 21, tit. 1er, elle prohiba la représentation soit en ligne directe, soit en ligne collatérale, à moins que l'auteur de la disposition ne l'ait expressément ordonnée.

Nous savons que toute substitution est un fidéicommis conditionnel,

[1] L'interprétation rentre dans les attributions de la Cour de cassation : Cass., 20 janvier 1840, Sir., XL, 1, 363; 24 mars 1829, Sir., XXIX, 1, 293; et notamment 22 juin 1812, Sir., XIII, 1, 24. Contrà Cass., 5 février 1835, Sir., XXXV, 1, 87; 1er février 1827, Sir., XXVIII, 1, 422; 25 janvier 1827, Sir., XXVII, 1, 142; 12 mai 1819, Sir., XX, 1, 78; 19 juillet 1814, Sir., XV, 1, 14; 27 avril 1819, Sir., XIX, 1, 313. Avant l'ordonnance de 1747 et sous l'empire des lois romaines, les tribunaux jugeaient souverainement, et leur décision était à l'abri du recours en Cassation. Cass., 11 ventôse an II, Sir., III, 2, 546; 27 messidor an II, Sir. III, 2, 500.

[2] Sous le Code et la loi de 1826, les appelés viennent toujours par représentation à la succession des grevés, car les substitutions ne sont permises qu'entre le père et ses descendants.

[3] Il paraît que la représentation n'était pas non plus admise à Rome. L. 17, Pr. D. de legat., 2°.

que jusqu'à la mort de l'institué le substitué n'a qu'une espérance, et que s'il meurt le premier, son espérance s'évanouit, qu'il n'a jamais eu de droit acquis, et que par suite il n'a pu le transmettre à ses héritiers; qu'enfin, l'institué reste propriétaire et que la substitution devient caduque. Voilà le principe général; et si l'on reconnaissait la représentation, il faudrait aussi, de même que dans les obligations, admettre à recueillir la substitution, les autres héritiers qui ne viennent pas à la succession de l'appelé par l'effet de la représentation.

Cependant le Code voulait une égalité absolue entre tous les membres de la famille; il fallait non-seulement que la charge de rendre comprît tous les enfants nés et à naître, mais encore que le partage se fît entre eux par portions égales; or, cette égalité se serait trouvée blessée, si les oncles recueillant le bénéfice de la substitution, les neveux en eussent été exclus; une des branches de la famille se serait enrichie aux dépens de l'autre. Il était dès lors nécessaire de faire une exception au principe général, et d'admettre, qu'en cas de prédécès de leur père, les neveux viendraient par représentation concourir avec leurs oncles (art. 1051).

Cette égalité n'est plus de l'essence des substitutions depuis la loi du 17 mai 1826; le motif qui a dicté l'art. 1051 n'existe plus; on serait donc fondé à soutenir que la représentation n'existe plus, si par un reste d'appel à l'égalité, la loi de 1826 n'avait formellement maintenu l'article qui nous occupe, et l'on peut voir dans la discussion de cette loi, que toujours on a entendu l'art. 1051 dans une sens limitatif et non pas énonciatif; l'on peut aussi, du maintien de cet article, tirer un argument *à contrario*. Et, je ne crois pas, lors même que l'art. 1051 aurait été supprimé, qu'on eût été en droit de soutenir que la représentation dût être admise partout et toujours. On aurait encore par là violé la règle qui n'admet la représentation que dans les successions *ab intestat*, et jamais dans les dispositions de l'homme.

Ce qui prouve que le droit de l'appelé est soumis à la condition qu'il survivra lui-même au grevé, et que la substitution est présumée faite en faveur de l'appelé seul et non de ses héritiers; c'est que sous l'ordonnance de 1747, dès que la présomption contraire dominait, la disposition était recueillie par les héritiers qui arrivaient par représentation, ou même dans l'ordre légitime; et cette présomption dominait lorsque le disposant avait ordonné, par une disposition expresse, que la représentation aurait lieu, ou que la substitution serait déférée suivant l'ordre des successions légitimes (art. 21, tit. 1er, ord. de 1747). Rien n'empêcherait, dans notre législation, que le disposant n'insérât de pareilles clauses, pourvu que les héritiers fussent pris parmi les descendants du grevé, et que la substitution ne s'étendît pas au delà du deuxième degré[1].

6° Enfin, pour qu'il y ait substitution, il faut que ce soit l'objet *reçu* lui-même, que le donataire soit chargé de rendre: aussi, elle n'existerait pas, si en léguant une maison par exemple, le légataire ne devait rendre que l'estimation. Car il n'y aurait pas ordre successif, les biens resteraient dans le commerce; une semblable disposition n'aurait pas les inconvénients des substitutions[2].

Avant de terminer la deuxième partie de notre travail, disons que la nullité prononcée par l'art. 896 du Code civil frappe la disposition principale faite au profit du premier institué à la fois, et celle dont le substitué recueille l'avantage; peu importe que la substitution résulte d'un seul acte, ou soit contenue dans deux actes différents[3], ou

---

[1] Grenier, n° 361; Toullier, n°s 726 et 727; Duranton, IX, n° 548; Rolland de Villargues, *Rép.* de Favard, v° Subst., ch. 2, sect. 2, § 1, n° 16. Delaporte, *Pand. franç.*, IV, p. 515. Tous ces auteurs ont écrit sous l'empire du Code civil, et les motifs qu'ils donnent à l'appui de leur opinion sont peu concluants. M. Duranton est le seul qui ait publié son ouvrage depuis la nouvelle loi, et ce n'est qu'en hésitant qu'il avance son opinion. Le système contraire est professé par Delvincourt, II, 104, note 7; Maleville et Rogron sur l'art 1051.

[2] Rolland de Villargues, *Rép.* de Favard., ch. 2, sect. 2, § 2; Paris, 21 décembre 1824, Sir., XXV, 2, 74.

[3] Merlin, *Rép.*, v° Subst. fid., sect. 1re, § 14, n° 3; Rolland de Villargues, n° 271; Toullier, n° 13; Grenier, I, n° 104; Duranton, VIII, n° 90; Delvin-

que la disposition contienne à la fois une substitution permise et une substitution prohibée[1]. Le tout à moins qu'il ne soit évident que le disposant n'a pas regardé comme une condition inhérente à sa libéralité que l'institué rendrait à un tiers, ou qu'il n'y ait inséré une clause salvatoire[2]. C'est là une exception à l'art. 900.

Mais il ne s'ensuit pas que l'acte entier qui renferme la substitution soit annulé. Il subsistera pour ce qu'il contiendra de dispositions permises; car, si la substitution est indivisible dans son ensemble, toutes les clauses que renferme un même acte, ne le sont pas; c'est ainsi qu'il a été jugé que les legs purs et simples faits par le testament du substituant, recevraient leur effet[3], et qu'une disposition qui contiendrait au profit de la même personne des biens grevés de restitution et d'autres qui ne le seraient pas, n'était nulle qu'en ce qui concernait les premiers[4].

Il est certain aussi que la substitution, nulle pour vice de forme ou de fond, n'annulerait pas non plus la disposition principale : *quod nullum est, nullum producit effectum. Actus merifacti, sine ullo juris effectu, ne nomine quidem contractûs digni* (d'Argentrée, p. 1368, n° 9).

court, p. 103, note 7; Delaporte, t. IV, p. 13; Leclerq, *Droit romain dans ses rapports avec le Droit français*, t. III, p. 294; Cass., 18 janvier 1808, Sir., VIII, 1, 236; Cass., 7 novembre 1810, Sir., XIII, 1, 456. Décret impérial du 31 octobre 1810. Sous l'empire de la loi du 14 novembre 1792 la nullité de la substitution n'entraînait pas celle de l'institution. Cass., 22 juillet 1839, Sir., XXXIX, 1, 716; Chabot de l'Allier, *Quest. transit.*, v° Subst.

[1] Cass., 27 juin 1811, Sir., XI, 1, 316.

[2] Cass., 8 juin 1834, Sir., XXXIV, 1, 754; Paris, 3 mars 1820, Sir., XX, 2, 154; Grenoble, 8 juillet 1834, D. P., XXXIV, 1, 372.

[3] Rouen, 24 août 1812, Sir., XIV, 2, 1; Bruxelles, 14 juillet 1808, Sir., IX, 2, 7.

[4] Agen, 13 décembre 1811, D. P., XII, 2, 119, et 3 août 1814, Sir., XV, 1, 7; Bruxelles, 14 juillet 1808, Sir., IX, 2, 7. Cet arrêt a été cassé, mais simplement pour avoir fait une fausse application du principe qu'il consacre.

TROISIÈME PARTIE.

DES SUBSTITUTIONS PERMISES.

CHAPITRE PREMIER.

PRÉLIMINAIRES.

A Rome, le père pouvait exhéréder ses enfants. Ce système, adopté en pays de Droit écrit, était passé dans les coutumes; il fut supprimé par les lois du 7 mars 1793, 5 nivôse an II et 5 brumaire an II; il ne s'accordait plus avec l'esprit qui présidait à la révolution. Cette institution, il faut en convenir, était entre les mains du père une arme terrible pour faire respecter son pouvoir, mais elle présentait des inconvénients, des abus, que ne balançait ni l'obéissance forcée des enfants, ni leur respect à la puissance paternelle[1]. Lors de la discussion du

---

[1] M. Toullier se plaint de ce qu'on a supprimé l'exhérédation; c'est avec peine que l'on voit une opinion aussi erronée, avancée par un de nos plus grands jurisconsultes.

Pour que l'exhérédation fût permise, il fallait que le père instituât héritiers ou légataires ses petits enfants; 2° qu'il donnât des aliments à son fils; 3° qu'il exprimât la cause de l'exhérédation et que sa dissipation lui fût prouvée. Il ne faut pas confondre l'exhérédation inofficieuse avec l'exhérédation officieuse, par laquelle on laissait la légitime au fils, en lui donnant l'usufruit des biens substitués aux petits-enfants. A la différence de l'inofficieuse, celle-ci était tout en faveur des enfants et petits-enfants. Aussi n'était-elle pas soumise aux rigoureuses formalités prescrites par la novelle 119, et lorsqu'elle ne comprenait pas la légitime, elle pouvait être faite sans que le testateur en indiquât les causes. (*Dict. de Ferrière*, voy. *Subst.*, p. 791.)

c.   5.

Code sur la puissance paternelle, on avait proposé de remplacer l'ex-hérédation inofficieuse par une une disposition officieuse[1], qui consistait à réduire l'enfant coupable d'une dissipation notoire au simple usufruit de sa portion héréditaire[2], ce qui assurerait la propriété aux descendants nés et à naître de l'enfant; pour cela, il fallait 1° que le père instituât par testament ses petits-enfants, et qu'il existât nécessairement des enfants au décès du testateur (Paris, 28 juin 1811, Sir., XI, 2, 326). 2° Que la dissipation du fils fût notoire et alléguée expressément par le testateur, comme la cause de sa disposition; 3° que le fils ne se fût pas corrigé avant le décès du testateur. Les petits-enfants ne pouvaient aliéner la propriété avant le décès de leur père usufruitier. Cette institution, qui présentait une partie des inconvénients de l'ancienne exhérédation inofficieuse, et entamait la réserve que la plupart des législateurs ont cherché à établir en faveur des enfants, fut rejetée et remplacée par les art. 1048 et suiv. Par ce moyen, les enfants sont à l'abri de la dissipation de leur père; la réserve légale reste intacte; la volonté du père n'est plus ni contestée ni compromise; elle ne porte plus le caractère d'une peine contre le grevé; elle peut s'appliquer à l'enfant dissipateur comme à celui qui déjà a eu des revers de fortune, ou qui, par son état, y est exposé.

Nous allons étudier la législation du Code et la loi du 17 mai 1826; nous mettrons en regard les dispositions de l'une et de l'autre; nous verrons par là les changements qu'a apportés la seconde à la première, et l'esprit qui a présidé à la confection de chacune d'elles : nous verrons que le Code et la loi de 1826 renferment de véritables substitutions, quoiqu'ils n'en prononcent pas le mot, mais qu'ils les ont extrêmement resreintes, le Code surtout.

[1] L'ancienne exhérédation officieuse.
[2] C'était le seul cas où anciennement on pouvait substituer la légitime. (Ferrière, loc. cit.; Denisart, v° Subst., n° 118.)

CHAPITRE II.

DES PERSONNES AUXQUELLES OU EN FAVEUR DESQUELLES LES SUBSTITUTIONS SONT PERMISES.

SECTION PREMIÈRE.

De ceux qui peuvent substituer.

L'ordonnance de 1747, art. 1er, tit. 1er, consacre le principe que toutes personnes capables de disposer de leurs biens, de quelque état et condition qu'elles soient[1], pourront substituer.

Le Code voulait supprimer entièrement les substitutions, mais par les motifs que nous avons donnés, part. 1re, il les a permises aux pères et mères, aux frères et sœurs, et non aux ascendants ou oncles, et seulement pour ces derniers, en cas de mort sans enfants : il a présumé qu'alors leur affection se reporterait sur les neveux et nièces.

Il faut que les tantes ou oncles meurent sans enfants. Ceci exige une explication : ou la substitution a été faite par testament ou par donation entre-vifs. Si elle a été faite par testament, il suffit qu'à son décès le testateur ait un enfant pour que la substitution et même la disposition entière soit annulée (art. 896) ; mais les autres dispositions, tels que les legs, subsistent. Une personne qui aurait des enfants, pourrait donc donner à ses neveux sans charge de restitution, et elle ne le pourrait avec cette charge. A-t-elle été faite par actes entre-vifs? Ou les enfants sont nés avant la donation, et ils en entraînent la révocation, s'ils existent à la mort du donateur, à la différence de ce qui arrive dans une donation pure et simple : ou ils ne sont nés qu'après, et la

---

[1] Cette addition était nécessaire, parce que l'ordonnance de 1629 défendait aux personnes rustiques de substituer.

donation tombe de plein droit, sans que leur mort avant le donateur, puisse lui redonner effet (art. 960) [1].

Par le mot *enfant*, le Code ne semble pas avoir compris les enfants naturels, dont la survenance ne révoque jamais la donation. Il ne s'est pas écarté de l'ordonnance de 1747 (art. 23, tit. 1er). Il en serait autrement de l'enfant adoptif. La loi n'autorisant les substitutions qu'autant qu'elles ne nuisent pas à la famille, et l'enfant mort civilement n'héritant plus, son existence à la mort de son père ne saurait avoir pour effet d'annuler la substitution (même article).

La loi de 1826 a abrogé les art. 1048 et 1049, et revenant à l'ordonnance de 1747, elle permet à toute personne indistinctement de substituer; elle abroge donc aussi l'art. 896, prohibitive d'une manière générale des substitutions.

Mais il faut pour substituer, peut-être aurions-nous dû commencer par là, avoir la capacité de disposer par acte entre-vifs ou testamentaire, conformément au chap. 2, tit. 2, liv. 3 du Code civil.

SECTION II.

De ceux qui peuvent être grevés.

Toute substitution suppose une première disposition en faveur du grevé; il est donc nécessaire qu'il ait la capacité de recevoir conformément aux art. 901 et suiv. du Code civil.

D'après le Code civil, la charge de rendre ne peut être imposée qu'à un ou plusieurs enfants, qu'à un ou plusieurs frères et sœurs donataires du disposant (art. 1048, 1049). Les mots *enfants, frères et sœurs*

---

[1] Duranton, IX, n°s 527 et 528; Grenier, n° 360 (*Contrà*, Toullier, n° 798). Il est difficile de se rendre compte des différences qui existent entre la validité ou la nullité des dispositions, selon que le testament ou la donation renferme ou non la charge de rendre.

doivent s'entendre *stricto sensu;* ainsi, il a été décidé qu'un beau-père ne pourrait grever ni son gendre ni sa bru[1].

Peut-on choisir un grevé parmi des enfants naturels ? Je ne le crois pas.

Loi de 1826. Il n'est plus nécessaire qu'il existe des liens de parenté entre le grevé et l'auteur de la disposition. Rien n'empêche qu'on ne charge de restitution tous ceux qu'on peut avantager, les parents de même que les étrangers.

Du mot *donataire,* mis au singulier, il ne faut pas induire qu'il ne puisse y avoir plusieurs grevés collectivement. La proposition de les réduire à un seul avait été faite à la chambre des dépués. Elle fut rejetée[2].

SECTION III.

De ceux qui peuvent être appelés.

Un père, un frère peut choisir parmi ses enfants, parmi ses frères et sœurs, celui auquel il veut donner la portion disponible; il est libre dans son choix. Mais s'il a le droit d'élection lorsqu'il nomme un grevé, sa liberté n'est plus illimitée dans le choix des substitués; il faut, à peine de nullité, qu'il appelle tous les enfants nés et à naître du donataire, sans distinction ni préférence d'âge ni de sexe (art. 1050). La disposition serait même nulle, si elle ne comprenait que les enfants actuellement nés, quand même il n'en serait pas survenu d'autres[3]. On a voulu empêcher, qu'en favorisant les aînés, on renouvelât le droit d'aînesse.

Les appelés doivent être au premier degré du donataire, c'est-à-dire ses enfants, et non ses petits-enfants, les substitutions n'étant per-

[1] Turin, 29 décembre 1810, Sir., XII, 2, 101.
[2] Séance du 11 mai 1826.
[3] Bruxelles, 14 juillet 1808, Sir., IX, 2, 7.

mises qu'au premier degré (art. 1048, 1049), excepté lorsque les petits-enfants concourent avec leurs tantes ou oncles (sous la loi de 1826, la même représentation pourrait avoir lieu au profit des enfants du deuxième appelé), ou, quand les enfants du donataire étant morts, le donateur a substitué à son fils ou à son frère les petits-enfants de ces derniers. Les mots, *au premier degré seulement*, des art. 1048 et 1049, ne s'opposent pas à cette interprétation.

Il est inutile d'ajouter que la substitution est faite au profit de tous les enfants nés et à naître; il suffit qu'on l'induise des expressions employées par le disposant. Je donne à Paul, à la charge de rendre à ses enfants, à mes petits-fils, à mes petits-enfants, aux fils à naître de lui; tous ces termes seraient suffisants et profiteraient à tous les enfants[1]. Il en serait autrement, si la charge de rendre ne comprenait que les enfants nés; car pareille clause sortirait évidemment des art. 1048 et 1049. La disposition entière serait aussi nulle, si elle comprenait à la fois les enfants et les petits-enfants du grevé. Ce n'est au surplus là qu'une règle d'interprétation laissée à la prudence des juges, qui doivent, dans le doute, plutôt valider qu'annuler la disposition.

Il est nécessaire que les appelés aient capacité suffisante pour recevoir; mais il suffit qu'elle existe au moment où la substitution s'ouvre à leur profit. Ainsi, quoiqu'une substitution soit faite par acte entre-vifs, il n'est pas nécessaire que les appelés existent au moment de la passation de l'acte (art. 1048, 1049, 1121). Leur acceptation n'est nullement indispensable pour valider la donation; celle du grevé suffit. Il est inutile aussi qu'ils existent lors de la mort du testateur. (L'ordonnance de 1731, art. 11 et 12, le décidait expressément).

Le Code avait pour but l'égalité entre tous les membres de la famille; un père ne pouvait avantager un de ses petits-fils au détriment

[1] Cass., 31 mars 1807, Sir., VII, 1, 193. Mais ils ne comprennent que les enfants légitimes (Ord., art. 23); Pothier, *Des Subst.*, sect. 3, art. 1er; Cass., 21 juin 1815, Sir., XV, 1, 408.

de l'autre; on voulait seulement prémunir les petits-enfants contre les folles dépenses d'un père dissipateur. La loi de 1826 a été conçue dans un esprit tout différent; elle ne craint plus qu'un frère n'hérite quand son frère est exclu de la succession ; elle rétablit le droit d'aînesse, le droit d'élire [1] les substitutions de famille [2], les substitutions linéales et masculines [3]; elle cherche à empêcher le morcellement des propriétés qu'elle regarde comme une calamité sous un gouvernement monarchique. La tendance qu'on avait à cette époque à revenir au système aristocratique qui précéda 1789, est le meilleur interprète des idées qui ont présidé à la rédaction de cette loi.

Aujourd'hui les substitutions s'étendent jusqu'au deuxième degré inclusivement; mais pour qu'elles comprennent le second degré, pour qu'elles soient graduelles, il faut que la volonté expresse ou tacite du disposant soit évidente; car c'est une seconde substitution, et nous savons qu'on n'admet pas toutes sortes de conjectures. Si même elle n'avait été faite qu'au profit des enfants du donataire, sans addition, elle les comprendrait tous, et ne s'étendrait pas au deuxième degré. La charge de rendre, pour être valable, n'a plus besoin d'embrasser tous les enfants du donataire: aussi la loi de 1826 dit-elle, enfants nés *ou* à naître, et non plus comme les art. 1048 et 1049, nés *et* à naître. Mais quoique l'institué puisse être un étranger, les appelés

---

[1] On le stipulait de deux manières : 1° en chargeant l'héritier de rendre à celui qu'il aurait choisi; 2° en chargeant un tiers de choisir entre plusieurs personnes indiquées par le testateur. Ce droit soulevait une foule de difficultés que voulut tarir l'art. 62 et suiv. de l'ord. de 1735; mais elle n'atteignit pas son but. Il avait été aboli par la loi de 1792. Voy. art. 63, ord. de 1735, et art. 14, 18 de l'ord. de 1747; Grenier, p. 73, 74, 75; Duranton, IX, n° 558, 559, 560; Thevenot, ch. 58, § 3; Rapport de M. Mousnier Buisson à la chambre des députés sur la loi du 17 mai 1826.

[2] Sur cette matière, Pothier, *Des Subst.*, sect. 3, art. 2.

[3] C'est celle qui est faite au profit des mâles à l'exclusion des femmes; elle soulevait aussi les plus grandes difficultés; Merlin, v° Subst. fid., sect. 10, §§ 2 et 3.

c   6

doivent être nécessairement et à peine de nullité les enfants de l'institué. Le but politique de la loi, a-t-on dit, est la conservation des familles; son but moral est d'encourager et de faciliter les unions légitimes, en répandant le bienfait des substitutions sur les enfants qui en proviendront. Les biens confiés au père pour les transmettre à son fils, seront sagement administrés. On a pris pour type les art. 1048 et 1049; seulement ce ne sera plus au premier degré qu'il faudra s'arrêter; il ne s'agit pas d'une disposition contraire à ces articles, mais d'une disposition additionnelle et extensive [1].

Lors de la discussion de la loi de 1826 aux deux chambres, on s'en est référé à l'ordonnance de 1747 sur la manière de compter les degrés. Or d'après l'ordonnance, l'institué ne forme pas un degré; le premier degré est rempli par le premier appelé (art. 30, tit. 1er). Les degrés sont comptés par têtes et non par souches ou générations, de telle manière que chaque personne soit comptée pour un degré (art. 33) [2]. Le grevé peut donc se trouver dans la même génération que les appelés (cela ne se rencontrerait plus maintenant que le grevé est toujours le père des appelés). En cas que la substitution ait été faite au profit de plusieurs frères appelés conjointement (l'ordonnance ajoute *ou autres*; cette addition n'est plus applicable); ils seront censés avoir rem-

_____

[1] D'après la loi de 1826 il n'y aura plus égalité de fortune entre les enfants. Aussi l'ancienne jurisprudence des Parlements avait introduit l'usage d'attribuer aux frères et sœurs de l'appelé une légitime dite de grâce à prendre sur la substitution, en cas d'insuffisance des biens libres du père, pour assurer leur subsistance. La proposition de rétablir cette institution fut faite à la chambre des pairs qui la rejeta, comme pouvant faciliter la fraude entre le grevé et ses enfants non substitués.

[2] Les Parlements de Paris, Grenoble, Aix, Bordeaux et le grand conseil comptaient déjà les degrés par tête (Ricard, *Des Subst.*, nos 836 et 837). Le parlement de Dijon les comptait par souches, mais il réforma sa jurisprudence quand parut l'ordonnance de 1629, qui déjà portait dans son art. 124 la même prescription que l'ordonnance de 1747. Depuis il n'y eut que le parlement de Toulouse qui continua à compter par génération.

pli un degré chacun pour la part et portion qu'il aura recueillie dans lesdits biens ; en sorte que si ladite part passe ensuite à un autre substitué (même à un de ceux qui avaient été appelés conjointement [1]) , il soit regardé comme remplissant à cet égard un second degré (art. 34).

Lorsque le grevé de substitution aura accepté la disposition faite en sa faveur, expressément ou tacitement, il sera censé avoir recueilli l'effet de ladite disposition ; en sorte que le premier degré de substitution soit compté après lui, ce qui aura lieu quand même il aurait révoqué son acceptation ou offert de rendre les biens dont il se serait mis en possession avec les fruits par lui perçus ; ce qui doit être observé dans chaque degré (art. 36).

Lorsqu'il aura renoncé à la disposition faite en sa faveur, sans s'être immiscé dans les biens substitués, ou qu'il sera mort sans l'avoir acceptée, le substitué du premier degré en prendra la place ; en sorte que les degrés ne seront comptés qu'après lui, ce qui s'observera dans tous les degrés ; le tout encore que la renonciation ou l'abstention du grevé ou du substitué n'eût pas été gratuite (art. 37) ; mais si les créanciers acceptaient au lieu et place de leur débiteur, le degré serait rempli (art. 38).

Tels sont les textes de l'ordonnance qui ne demandent pas de développement. Mais quelques-uns se concilient difficilement avec certains articles du Code civil, et pour éviter toute difficulté, il eût été à désirer que la loi de 1826 se fût expliquée moins succinctement et plus clairement.

L'ordonnance déclare que le grevé qui aura renoncé, même non gratuitement, ne sera pas censé avoir rempli un degré ; qu'il en sera de même de celui qui sera mort sans avoir accepté la disposition. Les

---

[1] Cela ne peut plus être : ou le substitué sera mort avant l'ouverture de la substitution ; alors ses cohéritiers prendront sa part par droit d'accroissement ; ou il sera mort après l'avoir recueillie ; ses cohéritiers ne la prendront qu'en qualité d'héritiers et non comme substitués, les substitutions n'étant permises qu'en ligne directe.

c   6.

art. 780 et 784 du Code civil semblent décider le contraire. Quel parti
prendre? Il faut, nous croyons, suivre l'ordonnance. Dans la discussion au sein des deux chambres, on s'est toujours référé à elle. Il
n'y a pas analogie entre les successions et les substitutions; on peut
raisonner autrement pour l'une que pour l'autre. Il n'existe de degrés
qu'autant qu'il y a ordre successif; qu'autant qu'on transmet à un
tiers les biens dont on a joui pendant sa vie. Quand je vends, sans
avoir joui des biens, mon droit au substitué, il n'y a pas entre lui et
moi d'ordre successif, pas de degré. Il est regardé comme l'institué. On
conçoit qu'il en serait autrement si l'on vendait à un tiers; ce tiers
prendrait la place du grevé, et de lui au premier appelé, on devrait
compter un degré. L'ordonnance exige qu'on vende avant de s'être
immiscé; on s'explique cette restriction, car quelque peu de temps
qu'ait possédé le grevé, la propriété n'en a pas moins reposé sur sa
tête; puis, après avoir joui toute sa vie, et près de mourir, il aurait cédé gratuitement ou vendu son droit à l'appelé, en sorte que
par le fait la substitution aurait pu se prolonger à l'infini.

L'art. 784 doit céder aussi à l'ordonnance. Quoique dans les pays
de Droit écrit on admit déjà la maxime : que le *mort saisit le vif*, on
pensait que dans l'hypothèse proposée, le substitué ne formait pas un
degré, parce qu'il fallait qu'il eût témoigné vouloir accepter, ou appré-
hendé de fait.

CHAPITRE III.

DES CHOSES QU'ON PEUT SUBSTITUER ET JUSQU'A QUELLE CONCURRENCE.

Aux termes des art. 1048, 1049 et de la loi de 1826, on ne peut
grever que les biens qui ne sont pas compris dans la réserve d'après
les art. 913, 915 et 916. *Nemo oneratus, nise honoratus.* L'art. 896
trouve ainsi son complément et l'explication des mots *donataire, héritier institué,* ou *légataire* dont il se sert. Il n'y a réellement dans

cette classe que ceux qui reçoivent quelque chose en outre de leur légitime; car la réserve on la recueille par droit de succession et par la force de la loi, bien plus que par celle de l'homme. Aussi n'appelle-t-on jamais l'héritier réservataire, donataire, légataire ou héritier institué, quand même sa réserve lui aurait été expressément donnée ou léguée.

Celui qui n'a ni ascendant ni descendant peut substituer tous ses biens, celui qui a des héritiers légitimaires doit laisser intacte la réserve et ne saurait la grever d'aucune charge. Il suit de là, que si un testateur grevait de substitution ses biens au delà de la quotité disponible, l'excédant devrait être retranché, et resterait grevé, tandis que la réserve serait affranchie. La disposition serait réductible, mais non pas nulle. Cela s'observait sous l'ancienne législation. Bien plus, il a été jugé que le grevé chargé de rendre à ses enfants, n'est point tenu de rapporter les biens substitués à la succession de son père; que la charge de rendre équivaut à une dispense expresse de rapport, et que le légataire peut ainsi cumuler le legs avec sa part héréditaire. Douai, 27 janvier 1819.

Il n'en faut pas conclure qu'on ne puisse grever la réserve en faisant au légitimaire un prélegs; ce n'est pas là disposer des biens réservés. Le légitimaire prendra sa réserve avec ou sans la charge, selon qu'il acceptera ou non le legs. Cette condition n'a rien que d'honnête et de conforme à la loi.

On peut en général grever tous les biens dont on a la libre disposition, meubles[1] et immeubles, corporels et incorporels.

1° Les meubles. L'ordonnance de 1747 n'accordait la faculté de substituer les meubles qu'à certaines conditions (art. 5, 6 et 7, tit. 1er). Le Code, au contraire, n'appose aucune obligation; des meubles peuvent faire l'objet direct et unique de la substitution, que ce soient des

---

[1] La chambre des pairs rejeta un amendement qui tendait à limiter les substitutions aux seuls immeubles (séance du 2 avril 1826).

objets certains, ou des choses consistant seulement *in genere*[1], sauf à
observer quelques formalités qui seront détaillées plus loin (art. 1062,
1063, 1064). Les art. 1048 et 1049 ne distinguent pas; liberté est ac-
cordée au disposant de substituer son mobilier, pourvu qu'il n'anti-
cipe pas sur la réserve. Voilà la seule condition qu'on lui impose.

2° Les immeubles. On n'a jamais mis en doute qu'ils ne puissent
être l'objet d'une substitution. Ce sont eux qui en ont montré les abus
(ord., tit. 1ᵉʳ, art. 2) : aussi le Code n'y a mis aucune condition. Dans
les meubles et les immeubles sont comprises les choses corporelles.

On peut aussi par contrat de mariage substituer les biens à venir,
de même que les biens présents.

3° Les choses incorporelles. Les servitudes avec les fonds auxquels
elles sont attachées (L. 41, *pr. D. de légat.*, 1°); les rentes constitu-
tives; les intérêts dans une société de commerce; les créances purement personnelles (art. 1066), mais non un droit d'usufruit. Dans un
semblable legs, il est impossible de rencontrer les principes constitutifs d'une substitution: grevé, appelé, ordre successif (art. 899). Ainsi
il ne faudrait annuler aucune disposition dans laquelle la charge de
rendre ne comprendrait qu'un usufruit; l'appréciation en est laissée
aux tribunaux[2], et souvent elle présente les difficultés les plus grandes[3].

[1] *Contrà* Duranton, VIII, n° 67; l'arrêt que cite l'auteur ne statue pas sur la question.

[2] Proudhon, *De l'Usufr.*, nᵒˢ 446 et suiv. : Salviat, *De l'Usuf.*, t. II, p. 10; Merlin, *Quest. de Droit*, §§ 5, 6 et 7; Duranton, VIII, n° 54; Rolland de Villargues, nᵒˢ 238 et suiv.; Delvincourt, p. 103, note 8. Jamais un legs d'usufruit, même fait à perpétuité, ne constitue une substitution, quand même le disposant ne désignerait pas les personnes appelées à en profiter; Cass., 22 juillet 1835, Sir., XXXV, 1, 641; Montpellier, 10 février 1836, Sir., XXXVI, 2, 549; Cass., 25 juillet 1832, Sir., XXXII, 1, 574; Rouen, 11 août 1825, Sir., XXVI, 2, 310; Paris, 26 mars 1813, Sir., XIII, 2, 360. Tout cela s'applique à la constitution de rente viagère faite au profit de plusieurs personnes (art. 1972, C. c.). Autrefois on pensait autrement; Ricard, ch. 9, n° 844; Thevenot, nᵒˢ 117 et 118; L. 29, *D. de usu et usuf.*; L. 4, *D. quib. mod. usuf.*

[3] L. 15, *D. de auro et argento*; L. 39, *D. de usu et usuf.*; Toullier, n° 43;

Contrairement au Droit romain, le Code déclare nul le legs de la chose d'autrui (art. 1021), mais la chose de l'héritier est-elle le bien d'autrui? Quoi qu'il en soit de cette question controversée, nous croyons que rien ne s'oppose à ce qu'en donnant à son héritier un objet quelconque, on ne le charge d'en rendre un autre[1]. Une pareille condition ne nous semble rien avoir d'illicite. M. Toullier, n° 732, soutient le contraire. Son opinion est d'autant plus remarquable qu'il dit, n° 517, que l'on peut encore, comme dans le Droit romain, léguer la chose de son héritier. Il existe évidemment une contradiction entre ces deux passages. Il n'y aurait plus alors de substitutions, car ce ne serait pas l'objet reçu que l'héritier devrait rendre.

Cependant il est un cas hors de contestation où il est permis de charger le donataire de rendre sa propre chose; l'art. 1052 le contient : si le donataire qui aurait reçu des biens par acte entre-vifs, sans charge de restitution, accepte une nouvelle libéralité faite par acte entre-vifs ou testamentaire, sous la condition que les biens précédemment donnés demeureront grevés de cette charge, il ne lui est plus permis de diviser les deux dispositions faites à son profit, et de renoncer à la seconde pour s'en tenir à la première, quand même il offrirait de rendre les biens compris dans la seconde disposition. Cet article n'est que la reproduction de l'art. 16, tit. 1er, de l'ordonnance. La disposition qu'il permet se nomme *substitution après coup*.

Le principe qui concerne l'art. 1052, est que nous pouvons mettre à nos libéralités telles conditions que nous voulons; dès que le donataire les a acceptées, il ne lui est plus permis d'y renoncer. Il faut aussi que les conditions soient attachées à une nouvelle libéralité, car il est

---

Grenier, I, 127 ; Merlin, *Quest. de Droit*, v° Subst. fid. ; Rolland de Villargues, n° 245 ; Cass., 20 janvier 1840, Sir., XL, 1, 363 ; Poitiers, 21 juin 1825, Sir., XXV, 2, 429 ; Cass., 20 novembre 1837, Sir., XXXVII, 1, 968 ; Cass., 25 janvier 1827, Sir., XXVII, 1, 142 ; Paris, 13 janvier 1821, Sir., XXI, 2, 233 ; Paris, 28 mai 1821, Sir., XXI, 2, 297.

[1] *Inst.*, § 1, *De singul. reb. quæ* ; Thevenot, ch. 9.

généralement reconnu que le donataire ne peut pas, du vivant du donateur, consentir à la modification de la disposition à son désavantage. Il s'ensuit encore, qu'est bannie l'ancienne réserve que faisaient souvent les donateurs, de substituer après coup les biens donnés. Pareille réserve était déjà proscrite par l'art. 15 de l'ordonnance, sauf quelques exceptions indiqués dans l'art. 18. La maxime *donner et retenir ne vaut*, commençait déjà à prévaloir; de nos jours, elle a toute sa force (art. 944, 945, 946). L'art. 1052 exige impérieusement une seconde donation; sans nouvelle libéralité, le consentement du donateur et du donataire ne suffirait pas pour grever la première. L'on ne peut se grever soi-même, s'interdire le droit de disposer d'aliéner, etc.

Il est aussi dans l'esprit de l'art. 1052, que la seconde libéralité soit faite par l'auteur de la première, qu'un second donateur n'affecte pas des biens précédemment donnés par un autre. « Celui qui aura donné des biens sans charge de restitution, pourra l'imposer par une nouvelle libéralité » (Bigot-Préameneu). Enfin, tous les doutes disparaissent devant l'art. 16 de l'ordonnance, dont celui que nous étudions n'est que la reproduction.

En sens inverse, la charge de restitution contenue dans une première donation, peut-elle être supprimée par une seconde? Lorsque les substitués ont accepté ou que la donation a été faite dans un contrat de mariage, il faut, sans hésiter, répondre négativement (art. 1121, 1395). Hors ces deux cas, quel motif empêche qu'on ne modifie la première libéralité? L'ordonnance de 1747, art. 11 et 12, tit. 1er, décidait formellement la négative; si on ne l'a pas copiée comme on l'a fait dans l'art. 1052, c'est qu'on a entendu qu'elle ne serait plus applicable. Le grevé n'est pas lié envers les appelés; sur quoi fonderaient-ils leur droit? On invoquerait même un argument *à contrario* de l'art. 1121[1].

[1] Le parlement de Toulouse pensait comme nous; Ferrière, sur la Quest. 222 de Guipappe; Ricard, ch. 4, n°s 137 et 140, et c'est ce qui se pratiquait avant l'ord.

Rien n'exige que les biens compris dans la seconde donation soient eux-mêmes grevés. Il faut même, pour faire peser la charge sur les premiers, qu'elle résulte clairement de l'acte, car les conditions ne se supposent pas.

La seconde disposition n'aura son effet que du jour de l'acceptation du donataire; acceptation expresse si la seconde libéralité est dans un acte entre-vifs; expresse ou tacite si elle est dans un testament (art. 17 de l'ordon.) [1]. Il est évident que les biens qui se trouveront encore dans les mains du donataire, et qu'il n'aura pas aliénés, seront seuls grevés. La donation n'a pas d'effet rétroactif; elle ne saurait faire rentrer dans le patrimoine du donataire ce qu'il a aliéné. Lors même que les biens compris dans la première donation seraient encore entre les mains du donataire, la seconde ne nuirait pas aux droits des tiers antérieurs à l'acceptation et à la transcription des deux actes. Les biens auxquels n'était attachée aucune charge, étaient le gage de leurs créances; ils resteront encore pour assurer leur payement.

De ce que l'art. 1052 ne distingue pas, quelques auteurs [2] ont conclu que si une portion de la réserve était déjà entre les mains du donataire, le donateur pourrait imposer par acte entre-vifs, et le donataire accepter la condition que la réserve serait grevée. Nous avons admis plus haut que cette condition n'avait rien d'illicite, mise dans un testament, parce que les droits du grevé étant certains par la mort du testateur, c'est lui plutôt que ce dernier qui dispose de la légitime. Mais ici les droits du donataire ne sont pas encore ouverts; et ne serait-ce pas renoncer à la succession, ou aliéner les droits éventuels qu'il

et même en Droit romain; L. 18, *D. de legat.*, 3°; L. 3, § 11, *D. de adim. vel transf. legat.*; L. 27, *C. de fid.* De tous les auteurs modernes M. Delvincourt, p. 105, note 1, est le seul qui partage notre manière de voir.

[1] L'acceptation supposant la capacité de s'obliger, celui qui accepterait ne serait obligé qu'autant qu'il aurait capacité suffisante.

[2] Grenier, n° 364; Toullier, n° 734.

pourrait avoir à cette succession (art. 791)? Il est même certains auteurs qui ne permettent pas qu'on entame jamais la réserve. De la même distinction, il suit qu'on peut, par testament, grever les biens précédemment donnés, quoiqu'ils absorbent la réserve, mais qu'on ne le peut pas par une donation entre-vifs. Il est permis au légataire et non au donataire de renoncer à sa légitime.

Lorsque la charge de rendre contenue dans une seconde disposition à effet, c'est-à-dire lorsque, selon nous, elle est faite par testament, les créanciers du donataire sont recevables à s'opposer à la renonciation de sa réserve que leur débiteur ferait en fraude de leurs droits; dans aucun temps la légitime n'a pu être grevée de substitutions au préjudice des créanciers.

Je lègue ma·maison à *Primus*, à la charge de la conserver et de la rendre à *Secundus*. *Primus* pourra-t-il lui-même ajouter à cette clause et charger *Secundus* de remettre ma maison à *Tertius*, et ainsi de suite? Peu ou point de commentateurs ne traitent cette question, qui cependant présente de l'intérêt et a divisé les anciens auteurs. Ces derniers distinguaient. Lorsque *Primus* ne faisait aucun avantage à *Secundus*, ils déclaraient nulle la charge. On n'élevait de difficultés que pour le cas où *Primus* aurait reçu du donateur le droit d'élire; comme en élisant, il semblait exercer un acte de libéralité, certains auteurs, et même le parlement de Toulouse, étaient d'avis que la charge était valable. Les art. 63, ordonnance de 1735, et 14, tit. 1er de l'ordonnance de 1747, ont tranché la question dans un sens négatif, et avec raison; car en élisant, *Primus* n'exerce pas un acte de libéralité; il ne fait qu'exécuter la volonté du donateur. Mais la L. 77, § 31, *D. de legat.*, 3°, et avec elle la majorité des auteurs, reconnaissaient que *Primus* faisant un avantage à *Secundus*, il lui était permis de charger de substitutions les biens qu'il lui transmettait, et que, pour s'affranchir du fidéicommis, il fallait que *Secundus* abandonnât la libéralité de *Primus* à son égard. Nous pensons que ces distinctions sont encore applicables, puisque nous avons établi qu'on pouvait grever les biens qui provenaient au donataire d'une autre source que de la libéralité.

CHAPITRE IV.

DES ACTES PAR LESQUELS ON PEUT SUBSTITUER.

Avant les ordonnances de 1731 et 1747, il n'y avait pas en France de formes particulières pour substituer ; on suivait à peu près le Droit romain ; il n'était pas nécessaire d'employer la donation ou le testament[1]. C'est l'art. 3 de l'ordonnance de 1731, qui, la première, déclara que les seules formes reçues pour disposer de ses biens à titre gratuit, étaient les donations et les testaments. Les art. 893, 896, 1048, 1049 répètent la même chose. La preuve d'une substitution doit résulter de l'acte même ; il ne faut pas admettre de preuves extrinsèques[2].

Un premier point à l'abri de toute controverse, c'est que les substitutions sont assujetties aux formalités des actes qui les contiennent et suivent leur sort. La nullité de l'acte entraîne celle de la substitution, comme de toutes les clauses qu'il contient[3], sans qu'on puisse, à la différence du Droit romain, invoquer la preuve testimoniale, le serment, l'aveu, etc., pour les rétablir. On ne peut employer ces sortes de preuves que lorsqu'on le pourrait à l'égard des autres dispositions contenues dans les actes annulés.

Ainsi les testaments, les donations, les contrats de mariage, devront

---

[1] Arrêt du parlement de Paris du 18 juin 1674 , au *Journal du Palais*.

[2] Rolland de Villargues , *Rép.* , v° Subst. , n°ˢ 76, 77, 78 , et les motifs allégués par les demandeurs en cassation , motifs qui ne furent pas agréés par la Cour le 22 décembre 1814 , D. P. , XV, 1 , 81 , quoique son arrêt ne soit pas contraire à notre opinion ; Montpellier, 13 août 1810 ; D. P. , X , 1 , 464.

[3] Arrêt du parlement du 10 juillet 1738 ; dans Denisart ; v° Substitution , n° 77.

C.   7.

être rédigés conformément à ce qui est prescrit pour chacun de ces actes. Cependant, quoique l'acceptation du donataire soit nécessaire pour valider une donation (art. 932), celle du premier institué, du grevé, suffit dans une substitution ; l'acceptation des appelés n'est pas obligatoire, car d'après l'art. 1121, il est permis de stipuler au profit d'un tiers, lorsque telle est la condition d'une donation que l'on fait à un autre ; et les art. 1048 et 1049 le présupposent évidemment, puisqu'on pouvait, qu'on devait même faire les substitutions au profit des enfants à naître. L'art. 11 de l'ordonnance de 1731 le décidait formellement.

Il n'est même pas besoin que les appelés existent au moment de la mort du testateur, contrairement à l'art. 906. L'art. 12 de l'ordonnance de 1731 le disait déjà (art. 1048, 1049).

Rien ne s'oppose à ce que des substitutions ne soient faites par contrat de mariage, car ils peuvent contenir des donations ; c'est même le seul moyen de substituer les biens à venir.

CHAPITRE V.

DES OBLIGATIONS ET DES DROITS DU GREVÉ PENDANT LA CONDITION.

SECTION PREMIÈRE.

Des obligations imposées au grevé, en faveur des appelés, en recueillant les biens substitués.

Dans cette section nous allons examiner cinq obligations imposées au grevé dans l'intérêt des appelés, et dont l'inexécution entraîne pour lui des peines plus ou moins sévères.

1° On conçoit qu'il eût été dangereux de laisser livré à lui-même le grevé de restitution, presque toujours dissipateur ; il eût rendu illusoires les mesures que la loi aurait prises pour assurer aux appelés la propriété des biens substitués; il fallait surveiller les intérêts surtout de ceux qui ne sont pas encore nés. Pour entretenir l'harmonie dans la famille et éviter de voir plaider les enfants contre leur père, il était indispensable qu'on ne remît leurs droits dans les mains d'une personne tierce qu'on obligerait à remplir ses devoirs, en engageant sa responsabilité.

L'auteur de la substitution peut, par le même acte ou par un acte postérieur, nommer un tuteur chargé de l'exécution de ses dispositions (art. 1055). A défaut de ce tuteur nommé, ou s'il est incapable ou s'est fait excuser, il en sera nommé un à la diligence du grevé seul ou de son tuteur, s'il est mineur, dans le délai d'un mois, à compter du jour du décès du donateur ou testateur, ou du jour que depuis cette mort l'acte contenant la disposition lui aura été connu (art. 1056). Ce tuteur sera nommé par le conseil de famille, composé, comme il est dit au titre de la minorité, des parents du substitué ou des parents qui le composeraient s'il était vivant, à moins que le grevé ne soit pas marié; car il est évident qu'on ne pourra composer le conseil que de ses parents ou amis.

S'il ne l'a fait dans l'acte même qui contient la disposition, le donateur doit nommer le tuteur par acte authentique. Malgré ce texte formel, nous ne croyons pas qu'un acte authentique soit indispensable : le Code a voulu empêcher un acte *entre-vifs* sous seing privé, mais non un testament olographe. Un testament rédigé dans cette forme pouvant contenir une substitution, pourquoi ferait-on une exception pour la nomination du tuteur?

Le tuteur était totalement inconnu dans le Droit romain; on n'en voit aucune trace dans les anciens auteurs, pas même dans Ricard. L'ordonnance de 1747 parle d'un curateur dont les fonctions ne ressemblent en rien à celles de notre tuteur. Thevenot est le premier auteur dans les ouvrages duquel on trouve la mention de ce tuteur, et le Code civil est la première loi qui l'a rendu obligatoire.

La nomination du tuteur est exigée toujours, sans exception, que

les appelés soient majeurs ou mineurs, ou interdits; qu'ils aient déjà
un tuteur ou un curateur, quand même ils ne seraient pas encore nés.
Cependant la nomination ne devant être faite qu'à la mort du disposant (art. 1056), il s'ensuit que tant qu'il vit il est inutile d'y faire
procéder. On a supposé qu'il surveillerait convenablement les droits
des appelés.

Le mot *tuteur* aurait dû faire place à celui de *curateur ;* car c'est aux
biens et non aux personnes que le tuteur est donné; il n'est pas chargé
des appelés, ni de leurs biens qui sont en dehors de la substitution.
La distinction est fort importante. Car s'il était un véritable tuteur, il
faudrait lui adjoindre un subrogé-tuteur ; mais l'art. 1055 ne l'exige
pas ; il n'est pas tuteur dans le sens de l'art. 405 ; jamais on ne donne
de subrogé-tuteur à un tuteur *ad hoc.* Il en résulte aussi que l'hypothèque légale ne repose pas sur ses biens, car il n'administre pas, il
n'est pas comptable.

Les fonctions du tuteur sont obligatoires, et il ne peut être dispensé
que pour une des causes exprimées au titre de la minorité, de la tu-
telle et de l'émancipation (art. 1055). Elles sont personnelles et ne
passent pas à ses héritiers (art. 419, 1032, 2003). S'il venait à mourir, il faudrait en nommer un autre dans le plus court délai.

On trouve, dans l'art. 1057, la sanction pénale de cette première
formalité imposée au grevé. Parmi les systèmes proposés par les auteurs[1] sur l'interprétation de cet article, qui renferme des expressions
qui semblent contradictoires, systèmes qui nous paraissent tous plus
ou moins sujets à critique, voici celui que nous adoptons. Dans tous
les cas, à moins de celui de force majeure, à défaut de nomination
de tuteur dans le mois, le grevé sera déchu, *ipso facto,* du bénéfice
de la disposition, sans que les juges puissent lui accorder de délai; le
texte de l'art. 1067 est formel ; ce qui aurait lieu quand même le
grevé serait mineur et que son tuteur serait insolvable (art. 1074 et

[1] Duranton, IX, n° 567 ; Grenier, n° 385; Delvincourt, p. 106, note 9.

1056 et 1057 cbn.). Mais quoique déchu, le grevé reste en possession jusqu'à ce qu'on ait fait prononcer sa déchéance; or, qui l'appel-
lera devant les juges? Ce ne seront pas les héritiers du donateur, car
celui-ci évidemment leur a préféré l'institué; ce n'est pas dans leur
intérêt que la loi a entendu dépouiller le grevé; la nomination du
tuteur et les autres formalités ont été prescrites en faveur des appelés;
ce sont eux seuls qui doivent profiter du bénéfice de la déchéance.
Mais il peut se faire qu'il n'y ait pas encore d'appelés vivants, et même
qu'il n'en existe jamais; de là ce mot *pourra* placé au second alinéa de
l'art. 1057. Il ne fait qu'indiquer ceux qui profiteront de la déchéance,
et, comme nous le disons, s'il arrive qu'aucun appelé n'existe ou ne
survienne, quoique le grevé soit déchu, il n'est pas certain que le
droit des appelés sera ouvert, et les biens resteront entre les mains de
l'institué tout comme s'il n'avait pas encouru de déchéance; car la
déchéance, encore une fois, n'est prononcée qu'au profit des appelés.
S'il survient des appelés, à quelque époque que ce soit, leur droit sera
ouvert à la diligence des personnes dénommées en l'art. 1057. Ce système, nous en convenons, présente de graves inconvénients, mais il
nous semble la conséquence rigoureuse de l'art. 1057.

2° Les appelés recueillent à la mort du grevé les biens donnés; il
est donc nécessaire qu'on les connaisse, qu'on les constate, en un mot,
qu'on en fasse l'inventaire. L'ordonnance de 1747, sous peine de pri-
vation des fruits, voulut qu'on procédât à l'inventaire de la succession
du disposant, et rendit ainsi générale une mesure qui n'était pratiquée
qu'en pays de Droit écrit (art. 1, 2, 42, tit. 2).

Le Code répète, en les modifiant, les dispositions de l'ordonnance.
Après le décès du donateur, et non pendant sa vie, il est procédé à
l'inventaire à la requête du grevé de restitution, en présence du tuteur nommé pour l'exécution; il ne suffirait pas que les appelés ou
leur tuteur y fussent présents. Le Code s'est écarté sur ce point de l'ordonnance (art. 4, tit. 2). Le tuteur à la substitution est le contradic-
teur direct de l'institué. Si le tuteur assigné ne comparaissait pas, il

serait passé outre, et il répondrait de la fraude, des erreurs commi-
ses, etc. (art. 1059, 1073).

L'inventaire est fait, dans le délai fixé au titre des successions, par
le grevé, sinon dans le mois suivant, à la diligence du tuteur, en présence du grevé ou de son tuteur (art. 1060). La présence du grevé
n'est pas indispensable ; il suffit qu'il soit appelé.

Enfin, dans le cas où le grevé ni le tuteur n'aurait fait procéder à
l'inventaire, il sera fait, à la diligence des personnes désignées en
l'art. 1057, en y appelant le grevé ou son tuteur, et le tuteur nommé
pour l'exécution.

L'inventaire est fait dans les formes ordinaires, c'est-à-dire conformément aux art. 941 et suiv. du Code de procédure civile, et par un
notaire et des experts choisis par celui à la requête de qui il y est
procédé. Il comprend tous les biens et effets qui composent *la succession* (art. 1er, tit. 2, ord. 1747), à moins qu'il ne s'agisse d'un legs particulier ou d'une donation entre-vifs (art. 948) [1], avec la prisée à juste
prix des meubles et effets mobiliers (art. 1058, et art. 7, tit. 2 de
l'ord.). L'inventaire comprend aussi les immeubles ; l'art. 1058 est
général. Sans même qu'il y fût obligé, le grevé devrait l'exiger pour
sa sûreté, sans quoi il serait présumé les avoir reçus en bon état.

Les frais de l'inventaire sont prélevés sur les biens compris dans la
disposition ; le grevé en fait l'avance ; il ne faut donc plus suivre les
art. 1 et 2, tit. 2 de l'ordonnance.

On ne trouve pas de sanction spéciale applicable au défaut de l'inventaire ; on recourt alors aux art. 1073 et 1074. Remarquons toutefois que les personnes comprises dans l'art. 1061 n'encourent jamais
aucune responsabilité ; leur intervention est purement volontaire.

3º Si on laissait tous les biens, les meubles surtout, à la libre disposition du grevé, il pourrait les détériorer, les briser, et ne laisser

---

[1] L'ord., art. 1er, ne distinguait pas, et cependant telle était déjà l'opinion de
Furgole sur les art. 1 et 2, tit. 2.

aux appelés que des objets sans valeur. On a cherché à porter remède
à ce mal.

Quant aux immeubles, les droits des appelés sont suffisamment à
couvert par la transcription des actes contenant les libéralités.

Le grevé de restitution est tenu de faire procéder à la vente de tous
les meubles et effets compris dans la disposition, excepté les meubles
et autres choses mobiliaires qui auraient été compris dans la disposition, à la condition expresse de les conserver en nature, et qui doivent
être rendus dans l'état où ils se trouveront lors de la restitution
(art. 1063 et 589, 950 comb.), et les bestiaux et ustensiles servant à
faire valoir les terres, qui sont censés compris dans les donations entre-
vifs ou testamentaire desdites terres; le grevé est seulement tenu de
de les faire priser et estimer pour en rendre *d'une égale valeur*[1] lors de
la restitution (art. 1064). L'ordonnance de 1747, art. 6 et 7, tit. 1er,
statuait à peu près de même. En passant, remarquons que l'art. 1064
était inutile, et qu'il est en contradiction avec l'art. 524; on excepte
encore les créances actives (art. 1066; 5, tit 1er et 8, tit. 2 de l'ord.)

Le grevé a une réserve dans la succession, il a acquitté de ses deniers
certains legs. L'ordonnance, dans ces hypothèses, laissait à la prudence
des juges de lui adjuger, d'après la prisée, quantité suffisante de meubles pour le remplir de ses dépenses (art. 9, tit. 2). Rien ne s'oppose
à ce qu'il en soit encore de même, et, dans le partage de la succession,
si le grevé désirait garder les meubles en offrant le remploi en immeubles, on ne voit pas pourquoi il ne serait pas écouté. On évite
ainsi de placer les capitaux provenant de la vente des meubles.

Il n'y a pas de délai prescrit pour la vente; mais il est implicite-
ment contenu dans l'art. 1065.

Le Code ne dit pas non plus si, à défaut du grevé, le tuteur aura
capacité pour poursuivre la vente. On soulève cette difficulté au moyen

[1] Le Code dit *une égale valeur* et non pas *d'une égale valeur*, comme le faisait
l'ordonnance; nous croyons néanmoins qu'il faut suivre cette dernière.

dé l'art. 1073, qui rend le tuteur responsable de la vente du mobilier. Sa responsabilité présuppose qu'il a le droit de provoquer la vente. Il mettra en demeure le grevé, et le délai passé, il agira lui-même.

La vente se fait aux enchères après de simples affiches (art. 1062). L'autorisation du tribunal et même du conseil de famille n'est pas nécessaire, quand même les appelés seraient mineurs. Il ne faut pas suivre non plus les formalités dispendieuses des saisies. Furgole (sur l'art. 8, tit. 2 de l'ord.), faisait déjà la même remarque.

Le tuteur est appelé à la vente; la responsabilité dont il est chargé le demande. Mais comme sa présence n'est pas formellement exigée, il serait difficile de faire prononcer la nullité de la vente pour ce motif.

4° Dans la prévoyance que le grevé ne dissipe l'argent comptant, et celui qui provient de la vente des meubles, des créances actives s'il restait trop longtemps entre ses mains, la loi veut que dans le délai de six mois, à compter du jour de la clôture de l'inventaire, il fasse un emploi des deniers comptants, de ceux provenant du prix des meubles et effets qui auront été vendus, et de ce qui aura été reçu des effets actifs au moment de l'inventaire (art. 1065). Quant aux deniers provenant des effets actifs qui sont recouvrés et des remboursements de rentes, le grevé n'a que trois mois au plus, à partir du jour où il reçoit ces deniers pour en faire emploi. Il est laissé à la prudence du tribunal de proroger le délai lorsqu'il s'agit de l'emploi des deniers provenant de la vente des meubles (art. 1065). Il n'en est plus de même dans le cas de l'art. 1066[1].

L'emploi est soumis au contrôle du tuteur; il doit être fait en sa présence; sinon il pourrait en demander la nullité (art. 1068 et 1073). Ce qui n'empêche pas les substitués d'exercer une exacte surveillance de leur côté[2]. Si le grevé ne faisait pas l'emploi dans le délai voulu; s'il refusait un placement convenable, le tuteur pourrait l'y contrain-

---

[1] L'ord. de 1747, art. 11-17, tit. 2, est le premier monument législatif qui ait ordonné l'emploi des deniers. Thevenot, ch. 43.

[2] Furgole, sur l'art. 13, tit. 2 de l'ord.; Rolland de Villargues, n° 16.

dre, se faire envoyer en possession des deniers et même prendre hypothèque sur les biens libres du grevé. Malgré cela, il arrivera, si le grevé
est négligent et de mauvaise volonté, que les délais se passeront sans
que les deniers soient employés; il arrivera même qu'ils seront dissipés. Nous croyons, qu'en prouvant qu'il a fait toutes les diligences
possibles, la responsabilité du tuteur devra être diminuée; car en
définitive, il n'est pas détenteur des deniers; il lui est impossible d'empêcher que le grevé ne les dissipe d'un jour à l'autre. Toute peine suppose une faute.

Les débiteurs sont valablement libérés par le payement qu'ils font
au grevé sans l'assistance du tuteur. Il est propriétaire, il administre
seul sous la surveillance de ce dernier. Que gagnerait-on à exiger la
quittance du tuteur? Aussi la loi qui veut souvent qu'il soit présent,
est-elle muette ici.

En autorisant le grevé à recevoir, le Code l'autorise aussi à libérer.
Les débiteurs ne sont pas responsables du remploi, à moins qu'il n'y
ait eu des oppositions formées entre leurs mains, soit de la part du
tuteur, soit des appelés (art. 15, tit. 2 de l'ord.).

L'art. 1067 laisse le disposant libre d'ordonner la nature des effets
dans lesquels l'emploi doit être fait; sinon, il ne peut l'être qu'en immeubles ou avec privilége sur des immeubles, après, toutefois, qu'on
aura payé les dettes dont les biens substitués seraient tenus[1].

Un placement avec première hypothèque qui ne serait pas primée
par un privilége, remplirait suffisamment le vœu de la loi; on serait
sûr du remboursement. L'art. 1067, à la vérité, exige un privilége;
mais, outre qu'il est fort rare de trouver un placement sur privilége,
on peut dire, que par privilége, le législateur a entendu parler d'une
cause de préférence assurée. Cependant, afin d'éviter les difficultés,
il sera bon de se conformer à l'article que nous expliquons.

L'inscription sera prise, tant au nom du grevé qu'en celui des ap-

[1] Voy. art. 11, tit. 2 de l'ord.

c   8.

pelés; il faut que la substitution ait un privilége sur la somme collo-
quée de préférence au grevé. « Ce privilége s'acquiert, dit M. Toullier,
(n° 760), en référant dans l'acte que la somme provient des deniers
chargés de restitution en vertu d'un acte fait tel jour au profit des enfants du grevé. » Nous ajouterons que cette relation est utile dans tous
les actes qui constatent un remploi. Autrement, quel serait le moyen
de distinguer la substitution de la fortune du grevé? On préviendra
par là bien des embarras, surtout si le grevé laissait des dettes à sa
mort.

Si, faute de se conformer à l'art. 1067, les deniers de la substitution se perdaient, le grevé et le tuteur en seraient responsables, quand
même la perte serait le résultat d'une force majeure (art. 1073).

5° La cinquième formalité a pour objet, la transcription et l'inscription ordonnées par l'art. 1069. Nous en parlerons dans la section
suivante.

Le disposant pourrait-il dispenser l'institué de remplir les formalités
que nous venons d'examiner? Pas de doute, seulement dans certaines
circonstances, la substitution perdrait quelques-uns de ses caractères;
ce serait par le fait charger de rendre *quod supererit*, disposition que
nous avons vu n'être pas une substitution.

DEUXIÈME SECTION.

Des formalités prescrites au grevé dans l'intérêt des tiers.

Le Droit romain ne prescrivait aucune formalité dans l'intérêt des
tiers, aucune transcription, aucune insinuation, quoique ce dernier
moyen fût appliqué aux donations. Le fidéicommis avait assez de force
par lui-même pour résoudre les aliénations des biens substitués[1]. C'é-
tait là un piége tendu aux acquéreurs de bonne foi. Aussi chercha-t-on

[1] Thevenot, ch. 43, 49; Ricard, ch. 13, n° 117.

en France à remédier aux abus que produisait le défaut de publicité. Le premier acte législatif qui prescrivit la publication et l'enregistrement des substitutions, est l'art. 4 de l'édit de Henri II, à la date du mois de mai 1553. Il ne fut pas exécuté avant que l'ordonnance de Moulins de 1566, dans son art. 57, ne fût venue renouveler les mêmes prescriptions. Cette ordonnance fut expliquée, interprétée par les déclarations du 10 juillet 1566 et 17 novembre 1690. Malgré cela, quantité de Cours souveraines, telles que celle d'Alsace, de parlements, tels que ceux de Toulouse, Aix, Bordeaux, ne regardèrent pas ces formalités comme essentielles [1] ; ce qui engagea Louis XIV à publier sur la même matière la déclaration du 18 janvier 1712 [2], refondue bientôt dans les art. 18 à 34 de l'ordonnance de 1737, qui, outre l'insinuation, prescrivit la lecture à l'audience et la transcription sur les registres du greffe, de l'acte portant substitution.

Le Code civil a modifié ces formalités. Les dispositions par acte entre-vifs ou testamentaire à charge de restitution, sont rendues publiques, quant aux immeubles, par la transcription des actes sur les registres du bureau des hypothèques de leur situation, et quant aux sommes colloquées avec privilége sur des immeubles, par l'inscription sur les biens affectés au privilége. Lorsque la charge de rendre est renfermée dans une seconde donation, il faut transcrire les deux actes; le premier, parce qu'il renferme les objets faisant partie de la disposition ; le second, parce qu'il renferme la charge de rendre.

L'inscription et la transcription sont faites à la diligence soit du grevé, soit du tuteur. Quand les deniers provenant de la vente du mobilier, ou des remboursements des créances et des rentes, sont employés en acquisition d'immeubles, les acquisitions doivent être considérées comme faisant partie de la substitution, et transcrites comme les actes qui la constituent. Par analogie on doit aussi trans-

[1] D'Olive, liv. 4, ch. 4.
[2] Il y eut encore plusieurs autres déclarations, mais dont l'application n'était pas aussi générale.

crire la donation au bureau des hypothèques du lieu de la situation
des immeubles achetés, à moins que l'acte d'acquisition ne porte expressément que tels biens ont été acquis en remploi de sommes comprises dans une substitution, et sont substitués comme elles. Une pareille déclaration serait suffisante pour avertir les tiers.

D'après l'ordonnance, les grevés qui ne faisaient pas transcrire et
enregistrer la substitution dans le délai de six mois, étaient privés des
fruits (art 35 et 41, tit. 2). Le Code civil n'a pas adopté cette péna-
lité; il se contente de rendre le grevé et le tuteur responsables des deux
formalités (art. 1070). Il ne fixe pas non plus de délai dans lequel elles
seront remplies. L'ordonnance voulait, sous la peine portée en l'art. 41,
que ces formalités fussent remplies dans les six mois, et alors, rétro-
agissant, elles avaient effet contre les tiers à compter du jour de la
date des donations (art. 27, 28 et 29, tit. 2). Peut-être aurait-il mieux
valu conserver ces trois articles, en diminuant le délai de six mois qui
était trop long. La loi a fait céder l'intérêt particulier à l'intérêt général; elle a pensé que la responsabilité du tuteur étant engagée, il aurait grand intérêt à veiller à ce que ces formalités fussent remplies
dans le plus bref délai. Mais dans tous les cas, en les accomplissant,
on ne les ferait jamais rétroagir.

Avant la transcription, le grevé peut disposer des biens; les aliénations par lui consenties sont valables; mais dès qu'elle est opérée, tout
change. Elle a pour effet de rendre résolubles en faveur des appelés,
lors de l'avènement de la condition, les aliénations qui lui sont posté-
rieures, sans examiner la bonne ou la mauvaise foi des acquéreurs,
sauf leur recours sur les biens libres du grevé et non du tuteur,
pour le prix seulement de la vente.

A défaut de transcription, les aliénations seraient irrévocables; rien
n'avertissait les tiers que le grevé n'était pas propriétaire; la bonne
foi présumée des tiers acquéreurs ou qui auraient pris hypothèques,
l'emporte sur toute autre considération, et ils sont recevables à opposer le défaut de transcription, même aux mineurs et interdits, sauf le

recours contre le grevé et le tuteur à l'exécution, et sans que les mineurs ou interdits puissent être restitués contre le défaut de transcription, quand même le grevé et le tuteur seraient insolvables (art. 1070) ; la déchéance est absolue. Cette disposition s'applique évidemment au défaut d'inscription ou de renouvellement d'inscription. Il était inutile que la loi le dise ; c'est la conséquence de ce que les hypothèques n'existent à l'égard des tiers que du jour de l'inscription.

Pour que les tiers soient ainsi favorisés aux dépens des appelés même mineurs, il faut que leur bonne foi repose sur un titre émané du propriétaire apparent, qu'elle soit supposable. Si donc ils avaient traité, par exemple, avec le tuteur à l'exécution [1], ils ne seraient pas recevables à opposer le défaut de transcription. C'est aussi parce que jamais on ne suppose la bonne foi des donataires, légataires, héritiers légitimes de celui qui a fait la disposition, ni pareillement de leurs donataires, légataires ou héritiers, qu'ils ne peuvent en aucun cas, c'est-à-dire en alléguant leur bonne foi, opposer aux appelés le défaut de transcription et d'inscription (art. 1072) ; ces personnes ne sont pas supposées ignorer ce qu'a fait leur auteur. Les héritiers du tuteur sont dans la même position. L'art. 1072 n'en parle pas, parce qu'il a été extrait de l'art. 34, tit. 2 de l'ordonnance qui n'en disait rien, par le motif très-simple qu'elle ne connaissait pas de tuteur ; l'art. 941 leur serait applicable.

Les personnes désignées en l'art. 1072 sont même traitées bien plus sévèrement que les tiers, car les appelés opposeraient valablement aux premiers le défaut d'inscription (art. 1072), ce qu'ils ne pourraient pas faire à l'égard des seconds.

On se demande comment on peut concilier les art. 941 et 1072, car d'après le premier, le second donataire qui aurait fait transcrire,

---

[1] M. Grenier, n° 380, soutient le contraire. C'est avec peine qu'on voit une opinion aussi erronée et qui lutte contre les principes les plus élémentaires du Droit, avancée par l'auteur du meilleur traité des donations et testaments que nous possédons.

serait préféré au premier qui aurait négligé cette formalité[1]. Le second donataire pourrait-il de même, dans le cas de l'art. 1072, se prévaloir du défaut de transcription contre le grevé seul, puisqu'il ne saurait l'opposer aux appelés? M. Duranton, n° 580, et M. Delvincourt, page 109, note 2, soutiennent l'affirmative. Les motifs que donne le premier, eussent été très-concluants sans l'ordonnance de 1747; aujourd'hui nous les croyons impuissants en présence du nouveau système des substitutions. Voici notre raisonnement: Les légataires, donataires, etc., ne peuvent, en aucun cas, opposer aux appelés le défaut de transcription; donc les appelés conserveront le bénéfice de la disposition; que l'acte ait été transcrit ou non, la substitution existera; si le second donataire transcrivant vient prendre la place du premier qui a été négligent, il ne devra pas moins exécuter la substitution. Mais entre quelles personnes peut-on substituer? Entre le père et le fils, entre descendants. Le premier donataire était nécessairement le père des appelés, le second ne l'est pas, et par conséquent il serait chargé de rendre à des étrangers, ce que prohibe notre législation. Le droit des appelés sauvera donc celui du grevé[2].

Le défaut de transcription et d'inscription du privilége ne peut être suppléé ni regardé comme couvert par la connaissance que les créanciers ou tiers acquéreurs auraient de la disposition par d'autres voies que celles de la transcription et de l'inscription (art. 1071 et 33, tit. 2 de l'ord.[3]). C'était le plus sûr moyen d'éviter les difficultés. L'art. 1071 est absolu; aucun autre moyen de publication que celui qu'il indique ne serait opposable aux tiers[4].

L'appelé qui a recueilli les biens et qui devient grevé par rapport à

[1] Nous supposons résolue en ce sens la question, ce qui est fort douteux; Contrà, voy. Montpellier, 2 juin 1831, Sir., XXXI, 2, 325.

[2] Grenier, n° 380.

[3] Contrairement à ce qui se pratiquait anciennement; Ricard, ch. 13, n°s 131 et 132.

[4] Furgole, sur l'art. 33 de l'ord.

l'appelé du second ordre, est-il tenu de remplir toutes les formalités prescrites par les art. 1055 et suivants? Cette question ne se présentait pas sous l'empire du Code, où les substitutions ne s'étendaient qu'au premier degré, et il est certain que le dernier appelé n'a aucune forme à suivre, puisqu'il devient propriétaire incommutable. Il faut distinguer. Il serait inutile de faire transcrire une seconde fois l'acte de donation et ceux constatant les acquisitions d'immeubles avec les deniers; ce serait un double emploi. Il n'en serait pas de même de l'inscription des sommes colloquées, qui doit être renouvelée tous les dix ans, et toutes les fois qu'elles sont replacées. L'appelé, devenu grevé, serait soumis à la même responsabilité que le premier grevé. L'inventaire est inutile; le précédent subsiste, à moins que le grevé n'y fasse procéder dans son intérêt, et afin de s'assurer que tous les objets compris dans la substitution lui ont été remis, sans quoi il en serait responsable envers les appelés du second degré. Il doit faire nommer un nouveau tuteur quand le premier est mort ou empêché, mais il n'encourt aucune peine pour le défaut de réélection. Il faut aussi remarquer que les fonctions du tuteur ne finissent pas à la mort du grevé; elles continuent indéfiniment. La vente du mobilier a dû être faite; il ne doit pas avoir lieu à la recommencer. Enfin les deniers seront toujours employés, conformément à l'art. 1067.

Ajoutons que si le grevé est mineur, toutes les obligations qui lui sont imposées, sont mises à la charge de son tuteur, et qu'il ne peut, dans le cas même de l'insolvabilité du tuteur, être restitué contre l'inexécution des règles qu'il est obligé de suivre (art. 1074).

Que le tuteur nommé pour l'exécution est personnellement responsable, s'il ne s'est pas, en tout point, conformé aux règles établies pour constater les biens, pour la vente du mobilier, pour l'emploi des deniers, pour la transcription et l'inscription, et, en général, s'il n'a fait toutes les diligences nécessaires pour que la charge de restitution soit bien et fidèlement acquittée (art. 1073). Ainsi dès qu'il n'a pas de faute à se reprocher, quand même les biens de la substitution

c   9

seraient dissipés, il n'encourrait aucune responsabilité. Cela est de la grande justice.

SECTION III.

Des obligations imposées au grevé en sa qualité de propriétaire sous condition.

Les deux sections précédentes traitent des formalités prescrites à l'égard des tiers et des appelés dans le seul but de conserver intacts les biens substitués; celle-ci a pour objet les actes que peut ou doit faire le grevé pour empêcher les biens de se dégrader, dans son intérêt comme usufruitier et propriétaire sous une condition résoluble, et en même temps dans celui des appelés comme ayant l'espoir de devenir un jour propriétaires. Les droits du grevé ont, pendant la condition, une grande analogie avec celui de l'usufruitier : aussi une foule de dispositions du liv. 2, tit. 3 du Code civil lui sont-elles applicables. Mais outre sa qualité d'usufruitier, il est propriétaire, sous une condition résoluble, et a par cela même un pouvoir plus étendu que celui de l'usufruitier; car sans lui qui veillerait à la garde de la propriété?

Il doit jouir en bon père de famille, et à cet égard il est tenu de la faute légère. Il ne donne pas caution; quand même les principes ne s'y opposeraient pas, il serait abrité par l'art. 601. Ses biens libres ne sont même pas frappés d'hypothèque légale au profit des appelés. Les hypothèques sont de droit strict, et n'existent que dans les cas expressément prévus. Il en était autrement d'après l'art. 17, tit. 2 de l'ordonnance. Il n'est tenu qu'aux réparations d'entretien. Le grevé, dit Ricard, n° 153, n'est que comme un simple usufruitier, et n'est par conséquent obligé en son nom qu'aux frais et impenses qui sont attachés à sa jouissance. Il doit aussi faire les grosses réparations, et toutes les impenses, améliorations ou constructions qui sont nécessaires; il peut faire celles qui sont utiles ou voluptuaires. On lui rembourse les frais des premières, pourvu que ces dépenses, par sa faute, ne soient pas excessives, quand même elles n'auraient pas porté de fruits. On lui rembourse aussi les secondes, mais seulement jusqu'à concurrence de ce que l'héritage se trouve augmenté de prix à l'ouverture de la substitution ; il est sur ce point plus favorisé que l'usufruitier (art. 599). A l'égard des dépenses voluptuaires, il n'a rien à réclamer; il peut seulement, à la charge de remettre les lieux en leur premier état, enlever les glaces, tableaux et autres ornements qu'il y aurait placés[1]; mais nous lui refuserions toute réclamation pour les grosses réparations qui auraient été occasionnées par le défaut de réparation d'entretien depuis l'ouverture de la substitution.

Il avance les fonds nécessaires pour faire ces réparations, et il en fait déduction lors de la restitution; ou bien il fait un emprunt dont il paye les intérêts, et qui est remboursé par les appelés; ou bien encore, il obtient l'autorisation de vendre ou d'hypothéquer les immeubles de la substitution, si les deniers ne suffisent pas; le tout contradictoirement avec le tuteur.

Il supporte toutes les charges annuelles de l'héritage, telles que les contributions et autres, qui, dans l'usage, sont réputées charges des fruits (art. 608) ; les arrérages des rentes et les intérêts des sommes dont la substitution est débitrice. Quant au capital de ces rentes et des sommes, il ne les doit en son nom dans aucun cas[2]; il agira de même que quand il faut faire de grosses réparations. Il n'est pas tenu des frais de scellés, d'inventaire (art. 1059), pas plus que ceux de transcription et d'inscription; ils sont faits en faveur des appelés. Il paye ceux de mutation, sauf à répéter la portion qui est à la charge des appelés comme propriétaires.

En sa qualité de propriétaire, le grevé doit intenter les procès concernant la propriété, et y défendre; il ne supporte que les frais des procès qui concernent la jouissance et les autres condamnations auxquels les procès donneraient lieu (art. 613). Ceux qui concernent la propriété sont à la charge des appelés.

[1] Pothier, v° Subst., sect. 4, art. 2, § 2.
[2] Paris, 30 janvier 1838; *Journal du Palais*, t. I, de 1838, p. 380.

c   9.

Enfin, il doit, comme nous le disons en commençant, agir en bon père de famille; et en cas de mauvaise administration ou d'abus, on pourrait lui retirer les biens pour les mettre en séquestre, ou même le déclarer déchu du bénéfice de la substitution. Le tuteur doit apporter ses soins à ce que la charge de restitution soit bien et fidèlement accomplie (art. 1073).

SECTION IV.

Des droits du grevé pendant la condition.

Le grevé est propriétaire des biens substitués pendant la condition ; la propriété repose sur sa tête jusqu'à ce que les droits des appelés soient ouverts ; il n'est pas simplement usufruitier[1]. Les conséquences que nous allons tirer de ce principe en montrent toute l'importance.

Le grevé peut aliéner, vendre, donner, hypothéquer, échanger[2]; tous ces actes valables dans le cas où la condition ne se réaliserait pas, tombent d'eux-mêmes dans l'hypothèse contraire, s'ils ont été faits après la transcription, à moins que les appelés ne se portent héritiers purs et simples, et encore, conformément à l'art. 31, tit. 2 de l'ordonnance, pourraient-ils déposséder l'acquéreur en lui remboursant le prix de l'aliénation, les frais et loyaux coûts[3]. Ils ne rembourseraient

[1] Merlin, *Rép.*, v° Subst. fid., sect. 12, § 1, n° 2; Rolland de Villargues, *Rép.* de M. Favard, v° Subst., ch. 2, sect. 2, § 5, n° 1; Grenier, n° 365; Duranton, IX, n° 585.

[2] Aussi l'ordonnance, dit-elle, tit. 1er, art. 43, que le substitué ne pourra évincer les acquéreurs qu'après le temps où la substitution aurait dû lui être restituée, encore que le grevé en ait fait une restitution anticipée; Cass., 5 mai 1830, Sir., XXX, 1, 163.

[3] Voy. Toullier, n° 769; Grenier, n° 382; Rolland de Villargues, *Rép.* de M. Favard, v° Subst., ch. 2, sect. 2, § 3, n° 8; Delaporte, *Pandectes franç.*, sur l'art. 1069. Cette décision n'était pas sans difficulté avant l'ordonnance (Denisart, v° Subst., n° 90.)

même pas le prix, s'ils n'acceptaient que sous bénéfice d'inventaire ; sauf aux acquéreurs à poursuivre une indemnité sur les biens libres de leur débiteur. Mais pour revendiquer les immeubles aliénés par le grevé, il ne faut pas, qu'étant capables de s'obliger, ils aient consenti à la vente ; ils auraient à s'imputer leur propre fait.

Le grevé exerce *en son nom* toutes les actions actives et passives qui regardent les biens substitués ; il plaide en son nom et non comme procureur ; c'est lui qui, en cette qualité, intente les actions mobilières et immobilières, poursuit le remboursement des capitaux, acquitte les legs particuliers en tout ou en partie, selon que la substitution est universelle ou à titre universel ; il reçoit le remboursement des rentes, le prix des aliénations forcées, et en donne quittance (art. 1066 et art. 15, tit. 2, ordon.). Enfin il agit, pour l'administration des biens, en véritable propriétaire, et même il aliène valablement les deniers. Dans ses droits est compris aussi celui de transiger ; la transaction obligera les appelés, pourvu qu'elle soit faite avec l'assistance du tuteur et homologuée par le tribunal de première instance, sur les conclusions du ministère public ; l'omission de ces formalités prescrites en faveur des appelés, ne pourraient être invoquée que par eux. Car de tout temps on a jugé que le grevé avait qualité suffisante pour améliorer les biens (art. 53, tit. 2 de l'ordon.). Dépouillée de toute forme, la transaction serait inattaquable, si elle était antérieure à la transcription de l'acte contenant la substitution, sauf le recours des appelés contre le tuteur et le grevé.

Ce dernier a pour la jouissance des biens la qualité d'usufruitier ; il faut se reporter au titre de l'usufruit, pour voir quels sont ses droits ; il ne doit rendre, sauf quelques exceptions, que les biens qui lui ont été laissés.

Puisqu'il est propriétaire, il peut établir une servitude, et à moins qu'elle ne l'ait été à titre onéreux avant la transcription, elle sera soumise à la même condition que la propriété.

Quant au bail qu'aurait consenti le grevé, il paraît qu'anciennement

- on lui donnait le même sort qu'à la servitude[1]. Aujourd'hui il en serait autrement, pourvu qu'il fût fait conformément aux art. 1429 et 1430. Le cachet du grevé doit lui donner au moins autant de valeur que celui de l'usufruitier.

Dans toutes les affaires qui intéressent la propriété des biens substitués et qui vont par-devant les tribunaux, les conclusions du ministère public sont nécessaires. La nature des substitutions forme une partie du droit public; leur sûreté, leur stabilité intéresse le plus souvent des enfants à naître, et que pourrait frauder d'une manière préjudiciable la mauvaise administration du possesseur actuel (art. 83, C. de proc. civ., n° 6). Le tuteur doit aussi être mis en cause, et au besoin il pourrait le demander (arg. art. 1073). D'après cela, les appelés seront liés par les jugements intervenus, et n'auront aucun recours, s'ils ont été rendus en présence du tuteur et du ministère public; et ils auront pour s'y opposer la voie de la requête civile ou de la tierce opposition, selon que le ministère public n'aura pas été entendu, ou que le tuteur n'aura pas été mis en cause. Il ne faut plus s'arrêter à l'art. 50 du tit. 2 de l'ordonnance; les motifs qui l'ont dicté n'existent plus[2].

Quoique nulle part le Code ne dise formellement que le grevé n'aura pas la liberté d'aliéner les immeubles, on peut l'induire d'une multitude d'articles: aussi cela ne fait-il pas doute; c'est un principe reconnu, mais à ce principe on admet plusieurs exceptions.

1° Le disposant a pu ordonner la vente de certains immeubles.

2° Lorsque l'immeuble se dégrade, rapporte peu ou que les revenus ne suffisent pas pour les réparations. L'aliénation ne doit avoir lieu qu'avec l'autorisation de la justice, et à la charge de remploi[3].

---

[1] Thevenot, ch. 42, § 8; Ricard, ch. 10, n° 228; Merlin, *Rép.*, v° Subst. fid., sect. 12, § 1. Depuis l'ordonnance on le maintenait. Denisart, v° Subst., n°s 125 et 126, rapporte plusieurs arrêts conformes.

[2] Duranton, n° 591; Delvincourt, p. 107, note 3; Merlin, *Rép.*, v° Subst. fid., sect. 18, n° 6, et *Quest. de dr.*, *eod.*, § 12; Décret du 12 décembre 1812 relatif aux majorats.

[3] Thevenot, n° 690; Rolland de Villargues, n° 15; Merlin, *Rép.*, v° Subst. fid., sect. 12, art. 1er, § 3, n° 2.

3° Les biens d'un débiteur sont le gage de ses créanciers; ils peuvent les faire vendre; à plus forte raison faut-il reconnaître au grevé la faculté de les aliéner pour payer les dettes de la substitution. *Nemo liberalis nisi liberatus.* Si les biens compris dans la substitution n'étaient pas spécialement affectés par le disposant à l'acquittement de ses dettes, et qu'il se trouvât dans sa succession des biens libres, le grevé et le tuteur pourraient exiger qu'on les discutât d'abord.

Il faudrait bien aussi aliéner, si des charges extraordinaires étaient imposées sur les propriétés; s'il s'agissait de faire de grosses réparations, et que les capitaux ne suffisent pas pour les acquitter, etc. [1], et pour cause d'utilité publique.

4° Lorsqu'un immeuble indivis est déclaré impartageable, et que le copartageant ne veut pas rester dans l'indivision.

Quelles sont les formes nécessaires pour parvenir au partage et à la vente? Il faut suivre celles qui sont prescrites pour le partage et la vente des biens de mineurs; c'est le plus sûr moyen d'éviter la fraude. Laisser au tribunal, comme le fait M. Grenier, n° 392, la liberté de déterminer lui-même les formalités à remplir, serait tomber dans l'arbitraire. Ceci est d'ailleurs conforme à ce qui se faisait dans l'ancienne jurisprudence [2]. Toujours on a exigé des formalités, afin d'empêcher la collusion du grevé avec les tiers [3].

5° Dès que les appelés majeurs et maîtres de disposer de leurs droits consentent à la vente, elle est incontestablement valable, sauf par eux à répéter le prix à l'ouverture de la substitution. Mais si les appelés ont vendu seuls, le droit de l'acheteur sera soumis à la condition qu'ils survivront au grevé. C'est la mort des appelés et non celle des acheteurs qui donnera ouverture au fidéicommis. Le consentement de quelques-uns ne préjudicierait pas aux droits des autres, pas plus qu'aux ap-

---

[1] Arrêt du parlement de Paris du 12 avril 1777 dans Merlin, *Rép.*, v° Subst. fid., sect. 12, § 2, n° 2.

[2] Denisart, v° Subst., n° 102.

[3] Thevenot, ch. 50; Furgole, sur l'art. 31, tit. 2 de l'ord.

pelés du second degré. L'ordonnance voulait que le consentement fût constaté par acte notarié avec minute. Le Code civil ne répétant plus cette disposition, nous fait rentrer dans le droit commun; il suffit que le consentement soit exprès et non équivoque (L. 34, § 2, *D. de legat.*, 2°). La présence d'un appelé comme témoin à l'acte de vente, ou la réception qu'il aurait faite du prix de vente, était déclarée, avant l'ordonnance, insuffisante pour constater le consentement[1].

6° L'ordonnance (art. 44, tit. 1er) accordait aux femmes des grevés un droit d'hypothèque ou de recours subsidiaire, sur les biens substitués, en cas d'insuffisance des biens libres, tant pour le fond ou capital de la dot que pour les fruits ou intérêts qui en seraient dus[2]. Il paraît même certain qu'on n'avait dérogé en rien à la loi 22, § 4, *D. ad S. C. Treb.*, et qu'il était encore, sous l'empire de l'ordonnance, permis à une personne grevée de restitution, de prendre subsidiairement sur les biens substitués de quoi se doter elle-même si c'était une femme ou une fille, ou ses filles si c'était un père. On conçoit dans quel embarras jetait souvent un pareil système : aussi, le Code civil a-t-il cherché à y remédier, en dérogeant à la fois, et au Droit romain et à l'ordonnance. D'après lui, les femmes des grevés n'ont un recours subsidiaire sur les biens à rendre, en cas d'insuffisance des biens libres, que pour le capital des deniers dotaux, et seulement lorsque le *disposant* l'a expressément ordonné (art. 1054). Il en résulte qu'il n'est plus permis aux femmes et aux filles de se doter sur les biens substitués; que le recours n'existe même plus de plein droit, mais seulement lorsque le disposant l'a expressément ordonné. Ce recours frappe d'une hypothèque légale les biens substitués. Mais la femme ne peut répéter que la valeur du capital, et non les intérêts. Le Code lui a donné un recours beaucoup moins étendu que l'ordonnance.

[1] Merlin, *Rép.*, v° Subst. fid., sect. 12, art. 4, § 3.
[2] Malgré cela, le parlement de Flandres et le conseil provincial d'Artois ne reconnaissaient point d'hypothèque tacite.

De la manière dont l'art. 1054 est conçu, on conclut que le recours. n'aurait lieu que pour les *deniers dotaux*, et non pour les *immeubles* constitués en dot et qu'on aurait aliénés du consentement de la femme pendant le mariage, pas plus que pour les deniers paraphernaux (art. 1576) et les indemnités résultant de l'art 1431, etc.; c'eût été offrir aux époux le moyen de s'affranchir de la charge de rendre. L'ordonnance, bien plus favorable à la femme, le lui refusait déjà (art. 49, tit. 1ᵉʳ). Mais le disposant pourrait étendre les recours de la femme aux intérêts du capital; il pouvait donner à la femme le capital de la substitution, à plus forte raison doit-il avoir le droit d'accorder un simple recours. Qui peut le plus, peut le moins.

Le grevé épouse plusieurs femmes; toutes auront-elles un recours? L'ordonnance (art. 52, tit. 1ᵉʳ) a fait cesser la controverse qui existait à cet égard, en décidant l'affirmative, sauf une exception. Aujourd'hui on doit suivre la volonté du disposant; c'est elle qui fait loi. Dans le doute, nous pencherions pour qu'on suivît l'ordonnance. Les droits de la seconde femme sont aussi sacrés que ceux de la première. Dans le doute, nous penserions encore que le recours existe dans tous les degrés de substitution (art. 52, ord.).

Avant l'ordonnance, et même après, il est certain que les juges pouvaient ordonner l'aliénation pour les besoins impérieux du grevé. Cette doctrine a été consacrée par une quantité d'arrêts. Mais de nos jours, les juges ne pourraient plus accorder cette autorisation. Par cela seul, que le Code ne leur en attribue pas la faculté, il la leur refuse.

On pouvait encore transporter le fidéicommis d'un bien sur un autre; nous ne voyons pas ce qui s'opposerait à ce qu'on ne décidât encore de même.

Quoique le grevé ne puisse pas aliéner, la prescription court pendant sa possession à son préjudice et à celui des appelés majeurs, ou qui ne sont pas encore nés, qu'elle ait commencé avant ou après la remise des biens au grevé, et sans distinction entre la prescription trentenaire

c   10

et celle de dix et vingt ans[1], sauf aux tribunaux à apprécier la bonne foi du possesseur.

CHAPITRE VI.

Le grevé de restitution est propriétaire pendant la condition; les appelés n'ont qu'une espérance. D'où il résulte, qu'ils ne peuvent exercer aucune action qui suppose un droit acquis. C'est ainsi qu'il a été décidé, par arrêt du parlement de Metz du 23 mai 1692, qu'ils n'étaient pas fondés à demander la nullité d'une saisie immobilière pratiquée sur les biens substitués.

Mais par cela même que les appelés ont une espérance, il faut les autoriser à faire les actes nécessaires pour que cette espérance ne soit pas illusoire (art. 2, 13 et 15, tit. 2 de l'ord.). L'art. 1180 lève à cet égard tous les doutes. Ainsi, ils interrompront les prescriptions, forceront le grevé à faire emploi des deniers, formeront opposition entre les mains des débiteurs; et si malgré ces oppositions les débiteurs payaient au grevé, ils demeureraient responsables envers les substitués lors de l'ouverture de la substitution, pour ce qu'ils auraient payé au préjudice desdites saisies-arrêts; ils requerront l'accomplissement de toutes les formalités propres à assurer leurs droits, l'inventaire,

---

[1] Ricard, ch. 13, n°s 92 et 93; Domat, liv. 5, tit. 4, sect. 3, n°s 13 et 14; Pothier, v° Subst., sect. 5, art. 1er; Peregrinus, De fid., art. 41, n°s 8 et 18; Dunod, Des Prescript., part. 3, ch. 4; Duranton, IX, n° 610; Toullier, n° 740; Troplong, De la Prescript., n° 795; Dalloz, Rép., v° Subst., p. 242, n° 8. Contrà, Furgole, Thevenot, Merlin, Rép., v° Subst. fid., sect. 13; Grenier, n° 383; Rolland de Villargues, n° 14; Delvincourt, p. 107, n° 4; Vazeille, Des Prescript., n° 303; Bousquet, Dict. des Prescript., v° Grevés de restitution. Arrêt du parlement de Toulouse, janvier 1574 et septembre 1585; Cass., 9 janvier 1827, Sir., XXVII, 1, 370; mais cet arrêt n'a statué que dans une espèce régie par le Droit romain.

la vente des meubles, l'inscription, etc. ; ils feront faire défense au grevé de mésuser, et s'il continuait, ils demanderont le séquestre ou même l'envoi en possession (art. 1057). Mais quant au droit d'exiger caution, et l'envoi en possession faute de la fournir, nous ne le leur accordons pas. Nous ne sommes plus soumis au Droit romain. Nous avons vu plus haut qu'ils pouvaient aussi vendre leur espérance.

CHAPITRE VII.

DE L'OUVERTURE DE LA SUBSTITUTION, DE SES CAUSES ET DE SES EFFETS.

PREMIÈRE SECTION.

De l'ouverture de la substitution et de ses causes.

Une substitution est réputée ouverte, quand l'espérance des appelés se change en droit; lorsque la condition qui le tenait en suspens est arrivée; lorsque se forme le droit à leur profit : *quando dies cedit.*

Le Code civil n'énumère pas les causes qui donnent ouverture à la substitution; il se contente de jeter en avant un principe général sans nous dire quand il sera applicable. Les droits des appelés seront ouverts à l'époque où par quelque cause que ce soit, la jouissance du grevé de restitution cessera (art. 1050). Quand cessera-t-elle ? Voilà ce que nous avons à voir.

La jouissance du grevé cesse; en d'autres termes, la substitution s'ouvre :

1° Par la mort naturelle du grevé. C'est le mode le plus ordinaire; il était présumé dans l'ancien Droit, il l'est à plus forte raison dans le nôtre, qui ne considère comme substitution que la charge de rendre à la mort. Sous l'empire du Code et de la loi de 1826, le disposant ne pourrait même plus fixer l'ouverture de la substitution à un autre temps que celui de la mort du grevé; sans quoi ce serait un fidéi-

c   10.

commis à terme ou à condition qu'il ferait, et non une substitution. Mais, au contraire, il peut retarder l'ouverture au delà de la mort du grevé. La substitution n'en est pas moins valable pour être reculée. « Quelquefois, dit Pothier (*Des Subst.*, sect. 6, art. 1er, § 1er), outre la condition du décès du grevé, on en ajoute plusieurs autres sous une disjonctive entre elles ; et, en ce cas, il faut pour l'ouverture de la substitution, et le décès du grevé, et l'accomplissement d'une de ces autres conditions. »

2° Par la mort civile du grevé (C. c., art. 25 et art. 24, tit. 1er, ord.).

3° Si l'absence du grevé a continué pendant trente ans depuis l'envoi provisoire, ou depuis l'époque à laquelle l'époux commun aura pris l'administration des biens de l'absent, ou s'il s'est écoulé cent ans révolus depuis sa naissance. Car tous les ayant-droit, et par suite les appelés peuvent demander le partage des biens de l'absent, et faire prononcer l'envoi en possession définitif (art. 129). Et puisque dans notre législation les appelés sont nécessairement les héritiers du grevé, l'envoi en possession provisoire donnerait aussi lieu à l'ouverture de la substitution, à moins que l'époux commun en bien n'optât pour la continuation de la communauté.

4° Par l'abandon anticipé du grevé au profit des appelés. L'abandon fixe définitivement, quant aux appelés, l'ouverture de la substitution ; dès ce moment ils deviennent propriétaires incommutables lorsqu'ils existent tous, chacun de sa part, sans que leur mort avant celle du grevé ou de l'un d'eux seulement, change en aucune façon les droits de chacun ; droits, que dans tous les cas ils transmettront à leurs héritiers respectifs[1].

Mais l'abandon anticipé ne pourra préjudicier aux créanciers du grevé antérieurs à cet abandon (art. 1053). Ce prince fécond en conséquences, a été pris dans l'art. 42, tit. 1er de l'ordonnance, qui avait elle-même dérogé au Droit romain.

[1] Cass., 23 février 1831, Sir., XXXI, 1, 424.

Les droits des créanciers consistent à avoir pour gage l'usufruit des biens substitués, si la condition se réalise, et la propriété entière dans le cas contraire. Malgré l'abandon anticipé, leurs droits ne changeront pas, en sorte que la validité de l'abandon à l'égard des héritiers des appelés, que nous avons dit être irrévocable par rapport au grevé, dépendra de la condition que les biens ne seront pas absorbés par les créanciers antérieurs. Ainsi A, grevé, abandonne la succession à B, appelé ; B a un droit certain à la propriété. Mais il n'en est pas de même pour les héritiers de B ; car si B n'eût pas survécu à A, ce dernier serait resté propriétaire sans l'abandon ; et comme l'abandon ne nuit pas aux créanciers, il s'ensuit que A restera, jusqu'à concurrence de ses dettes, dans la propriété des biens qui n'auraient jamais dû sortir de ses mains, et que les héritiers de l'appelé ne recueilleront dans sa succession que ce qui restera, les dettes payées. Telle est la conséquence nécessaire de l'art. 1053.

Les tiers qui ont acquis du grevé pendant la condition pour jouir jusqu'à sa mort, sont dans une position aussi favorable que les créanciers. Aussi les appelés ne pourraient-ils, avant la mort du grevé, faire rescinder les ventes qu'il aurait consenties ; en sorte que si les appelés ne lui survivaient pas, les acquéreurs resteraient propriétaires incommutables (art. 43, tit. 1er, ord.).

Il résulte de là que les créanciers hypothécaires antérieurs à l'abandon peuvent faire signifier aux substitués qu'ils aient à payer ou à abandonner, sauf par eux à exercer leurs droits lorsque la condition arrivera.

Furgole, sur l'art. 42, tit. 1er, de l'ordonnance, tenait pour certain que les créanciers du grevé, même sans attaquer la restitution anticipée, pouvaient exercer les mêmes droits et actions que si elle n'avait pas eu lieu. Pour exercer leurs droits, les créanciers n'auraient donc pas besoin de faire annuler la renonciation ; ils pourraient toujours agir directement contre le grevé, et les tiers-acquéreurs feraient les fruits siens jusqu'à ce que la mort du grevé ait fixé un terme légitime à la restitution. Car, jusqu'à l'ouverture, les appelés n'occupent que la place du grevé.

Mais pour que les créanciers exercent de pareils droits, il faut qu'ils soient antérieurs à l'abandon. Or, comment juger l'antériorité? Par la date des titres; il est donc nécessaire que ces titres aient une date certaine, et cela suffit pour éviter la fraude; avec cette condition, les créanciers chirographaires seront aussi favorisés que les créanciers munis d'actes authentiques (art. 42, tit. 1ᵉʳ, de l'ord.).

C'est pendant la vie du grevé que ses créanciers se feront envoyer en possession des biens de la substitution, et recueilleront les fruits. Mais s'ils ne l'avaient pas fait, et qu'il eût couru une grande quantité de fruits ou d'intérêts pendant la vie du grevé, ils ne seraient pas recevables, après sa mort, à les demander aux appelés; ils ont droit aux fruits à échoir, mais non aux fruits échus [1].

De la combinaison des art. 1048, 1049 et 1053, et même de la loi de 1826, on tire facilement la conséquence que l'abandon anticipé ne peut nuire non plus aux enfants qui ne sont pas encore nés à l'époque où il est fait. Les biens passeront aux substitués existants, avec la charge éventuelle de se dessaisir d'une portion en cas qu'un nouvel appelé vienne concourir avec eux. Je donne à *Primus* à la charge de rendre à tous ses enfants. Lorsqu'il fait abandon, *Secundus* et *Tertius* existent seuls et se partagent les biens par moitié; peu après survient *Quartus;* il faudra recommencer le partage et faire trois parts au lieu de deux.

Mais au moment de la naissance de *Quartus, Tertius* était mort. L'abandon n'a pu préjudicier à *Quartus;* c'est là une convention qui ne le regarde pas. Si la substitution n'avait été ouverte, comme elle ne devait l'être, qu'à la mort du grevé, il aurait eu moitié des biens. Pourquoi sa part serait-elle diminuée par l'abandon anticipé? Jusque-là nous partageons l'opinion de M. Duranton, IX, n° 606; il n'en est plus

---

[1] Thevenot et Furgole, sur l'art. 39, tit. 1ᵉʳ de l'ordonnance.

de même lorsqu'il s'agit de savoir contre qui sera répétée la moitié par le troisième enfant. Cet auteur prétend que ce sera à la fois contre la succession du prédécédé et contre le survivant. Nous, nous soutenons que ce sera seulement contre la succession du prédécédé. La substitution était faite au profit de tous les enfants nés et à naître ; c'était là une condition *sinè quâ non*, surtout sous l'empire du Code ; l'acte d'abandon ne les comprend pas tous, par conséquent il est nul (arg. 1078). Car il n'y a pas de différence entre le cas où après l'acte serait survenu un enfant, et celui où il n'aurait pas été fait entre tous les enfants vivants. La succession, ainsi que l'autre enfant, possède indûment ; tous les biens seront remis en commun à la mort du grevé, et le partage se fera entre les ayant-droit à cette époque. La justice même s'oppose à la décision de M. Duranton. En vertu de l'abandon, les appelés qui y auraient concouru, privés de l'espoir de gagner, n'auraient jamais que celui de perdre ? ne serait-ce pas rendre cet acte presque impossible ? ne serait-ce pas aller contre la volonté du disposant ? Car il dépendrait, pour ainsi dire, du grevé et des appelés que les biens sortissent de la famille pour aller chez des collatéraux. L'appelé survivant a consenti l'acte d'abandon, afin d'avoir moitié des biens, et il n'en aurait que le quart ; il arriverait encore que dans notre exemple *Quartus* aurait moitié des biens, et *Secundus* le quart : ce qui était défendu sous le Code. Il serait facile de développer longuement ce système.

Il faut de plus décider que, par son acte d'abandon, le grevé ne sera pas libéré à l'égard des enfants survenus (L. 41, § 12. *D. de legat.*, 3°). Car le testateur a voulu que la restitution fût faite à tous les enfants vivants, par égale portion, à la mort du grevé, et non pas à ceux qui n'existeraient pas ou seraient prédécédés. Or, ce ne sont pas ceux à qui la restitution a été faite qui sont seuls appelés à la substitution ; c'est donc *sinè causâ* que la restitution a été faite ; elle n'a donc pas libéré le grevé envers ceux qui existaient lors de l'arrivée de la condition. Mais le grevé a un recours contre ceux à qui il a restitué mal à propos, comme leur ayant payé par erreur ce qui, par l'événement, s'est trouvé appartenir à d'autres.

L'acte d'abandon est une véritable donation, non-seulement de l'usufruit, mais aussi du droit éventuel de la propriété; il devrait donc être fait d'après les formes prescrites pour les donations entre-vifs. La loi n'en exige pas la transcription, et, en effet, elle semble inutile. Elle est soumise aux causes de révocation des donations ordinaires.

Jusqu'ici nous avons supposé que les biens avaient été entre les mains du grevé, qu'il les avait administrés, etc. C'est ce que semble prévoir l'art. 1053. Mais cet article a une plus grande portée, et il est applicable même quand la propriété n'aurait jamais reposé sur sa tête; cependant il y a des distinctions à faire.

La libéralité est-elle par acte entre-vifs? le grevé refuse de l'accepter. Point de contrat d'où il résulte un droit en faveur des appelés ou des créanciers; le donateur reste libre de rétracter ses offres, et le donataire seul qu'il a entendu gratifier a capacité pour accepter. Néanmoins si les appelés vivants acceptaient ou si l'on acceptait pour eux, la donation vaudrait comme première institution.

Si le grevé a refusé d'accepter un legs, ou s'il a été déclaré indigne de le recevoir, les appelés recueilleront à sa place (art. 1053) le bénéfice de la disposition[1], ceux qui existeront, avec la charge de rendre une partie à ceux qui surviendront[2].

Quant aux créanciers, il y a une autre distinction à faire : ou le

[1] Car la caducité de l'institution n'entraîne plus celle de la substitution. L'ordonnance, art. 26 et 27, tit. 1er, avait établi une distinction fondée sur le Droit romain, distinction qui n'est plus admissible. Voyez, sur cette question, Dumoulin, *Ad Alex. Consil.*, 209, n° 16, vol. 2; Domat, liv. 3, tit. 1er, sect. 5; Thevenot, ch. 83; Toullier, n°s 793 et 794; Rolland de Villargues, n°s 290, 30 à 33 et 288; Furgole, *Sur les Donations*, 9, 5, n°s 11 et suiv.; Merlin, *Quest. de Droit*, v° Stipul. pour autrui; Duranton, IX, n°s 601 et 602; Pothier, *Des Oblig.*, n° 73; Denisart, v° Subst., n° 28.

[2] Ordonnance, art. 27 et 37, tit. 1er.

grevé est déclaré indigne ou incapable; ils n'ont alors aucun droit à prétendre sur les biens grevés, car leur débiteur est exclu de la succession (art. 727): ou il ne fait que refuser d'accepter le legs; ils demanderont alors à jouir pendant la condition, comme il l'aurait fait lui-même (arg. art. 788)

5° Par l'abus que le grevé fait des biens substitués (arg. art 618 et 1057). Ses créanciers auront, pour la conservation de leurs droits, recours aux moyens que leur fournit l'art. 618[1].

6° Par la déchéance qu'encourt le grevé pour n'avoir pas fait nommer un tuteur dans les délais prescrits par l'art. 1056 (art. 1057).

Presque tous les auteurs regardent comme une cause d'ouverture de la substitution, l'accomplissement de la condition que le substituant a mis à sa disposition. Lorsque la condition est postérieure à la mort du grevé, oui (voy. ci-dessus n° 1); mais si elle est antérieure, ainsi que le suppose M. Toullier, n° 781, il y a confusion. M. Toullier dit lui-même que dans toute substitution l'époque de la restitution doit être la mort du grevé. Une condition qui devrait se réaliser avant la mort, dénaturerait la disposition, en ferait un fidéicommis conditionnel et non une substitution; l'accomplissement de la condition ne serait donc pas une cause d'ouverture, puisqu'il n'y aurait pas substitution.

SECTION II.

Des effets de l'ouverture.

Sous le Droit romain, l'ouverture du fidéicommis ne rendait pas l'appelé propriétaire de la chose substituée; il n'avait pas la saisine; il fallait son acceptation (L. 1, C. comm., de leg.). L'art. 40, tit. 1er de l'ordonnance répéta à peu près la même chose. Le principe que con-

---

[1] Ricard, ch. 10, n°s 25 et 26; Bourjon, t. II, p. 132, tit. 5, ch. 3, sect. 4, n° 28; Grenier, n°s 375 et 376; Toullier, n° 782; Maleville, sur l'art. 1057; Duranton, IX, n°s 603 et 604.

c

11

sacre cet article devrait encore être suivi. Car ceux-là seuls ont la saisine, qui recueillent en qualité d'héritiers légitimes ou testamentaires;
or, les appelés prennent dans la succession du grevé, les biens substitués, plutôt en qualité de créanciers que d'héritiers. Pour acquérir la
propriété, leur acceptation sera donc encore nécessaire. Mais, quoique
postérieure à l'ouverture de la substitution, elle n'a pas moins effet à
compter du jour de l'ouverture. Le grevé est réputé n'avoir eu, depuis
cette époque, aucune propriété. Pour obtenir la possession, les appelés
seront obligés de se la faire délivrer par les héritiers du grevé; en effet,
s'ils reçoivent la propriété du disposant, ils reçoivent la possession du
grevé ou de ses héritiers : *capiunt à gravante, et non à gravato.* Et
comme c'est la qualité de possesseur qui fait acquérir les fruits, et que
jusqu'à la demande en délivrance, le grevé ou ses héritiers sont censés
posséder de bonne foi, il s'ensuit qu'ils les acquièrent, sauf les distinctions contenues au titre des legs. Les raisons de décider à l'égard
du légataire, sont les mêmes à l'égard du substitué[1].

Si les appelés étaient toujours héritiers purs et simples du grevé,
demeuraient propriétaires incommutables de la substitution, leurs
biens se confondant avec ceux du grevé, il n'y aurait entre eux aucune
répétition à exercer, aucun compte à débattre. Mais ils peuvent n'avoir
accepté sa succession que sous bénéfice d'inventaire, ou même l'avoir
répudiée; ils seront peut-être dans la nécessité de rendre à des appelés du second degré. Dès lors, on sent l'obligation de régler leurs
droits, soit avec le grevé lui-même ou ses héritiers, soit avec ses créanciers, et de constater ce qu'ils ont réellement recueilli de la substitution.

Un point hors de doute, c'est que les appelés ont droit à tout ce
qu'a laissé le disposant pour être compris dans la substitution. Ils feront résilier les baux, annuler les ventes, les hypothèques consenties

---

[1] L'ordonnance, art. 41, accordait, sans distinction, les fruits aux héritiers
jusqu'à ce que la liquidation fût opérée. Duranton, IX, n° 611; Merlin, *Rép.*,
v° Subst. fid., sect. 15, § 3, n° 1; Thevenot, n° 656.

par le grevé hors de ses pouvoirs : ils auront action contre sa succession pour le dommage qu'ils auraient encouru, soit par suite de ces aliénations, soit par suite de sa mauvaise administration, qui serait la cause que des prescriptions se seraient accomplies, que des débiteurs seraient devenus insolvables. Ils répéteront les sommes qu'il aurait dissipées, celles dont il était débiteur envers le disposant, et qui étaient comprises dans la substitution, etc. Enfin, ils se feront rendre entière la chose que le grevé était chargé de rendre. Et si le grevé est insolvable, ils auront recours contre le tuteur à l'exécution, lorsqu'il n'aura pas rempli tous les devoirs qui lui étaient imposés.

Mais ce n'est pas aux biens seuls qu'a laissés le disposant que prétendent les appelés; il en est quelques-uns qui s'y incorporent et leur reviennent aussi, par exemple :

Les accroissements (art. 551) et les améliorations faites par le grevé, sauf certaines distinctions que nous avons indiquées plus haut.

Le trésor trouvé par le grevé, sur les biens substitués, lui appartiendrait pour moitié en sa qualité d'inventeur, l'autre moitié augmenterait la masse de la substitution. Si c'était un tiers qui le trouvât, moitié lui reviendrait, et la seconde partie se joindrait encore à la masse (art. 716).

Les remises de dettes entreraient dans l'avoir des appelés, si elles avaient été faites en considération de leurs personnes; dans le cas contraire, elles profiteraient au grevé.

Les appelés profitent aussi des prescriptions qui ont commencé à courir pendant la vie du donateur. Le grevé possède alors *propter dispositionem ;* ils peuvent même joindre leur possession à la sienne (art. 2235). Mais ils ne jouissent jamais de celles qui ont pris leur origine dans la personne du grevé; il n'est plus considéré comme possédant *propter dispositionem, sed propter se.* Quant aux prescriptions à l'effet de se libérer, surtout celles qui sont fondées sur une présomption de payement, elles profiteront le plus souvent au grevé; il sera

c   11.

censé avoir payé les dettes qu'il a prescrites, et il exercera son recours pour pareille somme contre la substitution.

De son côté, le grevé ou sa succession aura des reprises à exercer contre la substitution. Il peut être créancier du disposant; avoir fait de grosses réparations à ses frais; avoir payé de ses deniers les dettes de la substitution, avancé les sommes nécessaires à l'inventaire, l'inscription, etc. Toutes ces avances seront couvertes lors de l'ouverture de la substitution. Nous accordons même au grevé, pour sûreté de payement et à titre de gage ou de nantissement, la rétention de tout ou partie des biens; il compensera ses créances actives avec ce dont il est débiteur. L'art. 9, tit. 2 de l'ordonnance, accorde au juge le pouvoir d'autoriser le grevé à retirer les effets mobiliers, s'il demande à les imputer sur ses détractions et autres droits. Cet article ne contient rien d'exorbitant.

Toutes ces reprises diminueront l'actif de la substitution ; et les appelés ne seront pas plus recevables à s'y opposer qu'à répéter les immeubles aliénés de leur consentement (sauf la répétition du prix), ou ceux qui auraient été abandonnés à la femme du grevé pour la remplir, ou vendus avec les formalités requises, etc., ou les choses péries sans la faute du grevé, ou les fruits, à moins que le disposant n'en ait ordonné autrement.

CHAPITRE VIII.

DE L'EXTINCTION DE LA SUBSTITUTION, DE SES CAUSES ET DE SES EFFETS.

Après avoir examiné les causes d'ouverture des substitutions, il est nécessaire de savoir comment s'éteint, cesse d'être obligatoire, la charge de rendre, soit que la disposition ait eu un commencement d'exécution, soit qu'elle n'en ait pas eu. La substitution s'éteint :

1° Par la révocation qu'en fait le testateur, ou quand le testament est nul pour une cause quelconque. Par la révocation qu'en fait le donateur de concert avec le donataire, lorsque les appelés n'ont pas eucore accepté la donation, ou quand la donation est résolue pour cause d'ingratitude, d'inexécution des conditions, ou de survenance d'enfants. Les biens restent ou rentrent dans les mains des héritiers du testateur ou du donateur lui-même.

2° Par le défaut de la condition qui y était apposée. Les biens continuent à faire partie de la fortune du grevé.

3° Par le défaut d'appelés ou par leur incapacité au moment de l'ouverture. Pour être capables, il faut qu'ils soient au moins conçus, et leurs héritiers ne profitent pas de la disposition, à moins qu'ils ne soient dans l'hypothèse prévue par l'art. 1051. Les héritiers du grevé restent propriétaires.

4° Par l'épuisement des degrés. La propriété repose définitivement sur la tête de l'appelé qui a recueilli pour la dernière fois.

5° Par la perte de la chose substituée, pourvu qu'il n'y ait de la part du grevé ni faute ni dol; et quand même il y aurait ces deux circonstances, la substitution n'en serait pas moins éteinte, s'il se trouvait sans ressource, et que le tuteur à l'exécution ne fût pas en faute.

6° Par la renonciation de tous les appelés s'ils sont au dernier degré; sinon la substitution s'ouvrirait pour ceux qui se trouveraient au second degré. Cette renonciation est toujours valable, à moins qu'elle ne soit faite du vivant même du testateur; ce serait une renonciation à une succession future, et elle n'empêcherait pas l'appelé de venir à la substitution lors de son ouverture (art. 28, tit. 1ᵉʳ de l'ord.). Malgré l'art. 28, tit. 1ᵉʳ de l'ord., et M. Toullier, n° 801, et à défaut de texte dans notre Code, nous déciderons que la renonciation n'a pas besoin d'être passée par-devant notaire; elle n'est pas plus une donation qu'une renonciation à une succession.

Quoi qu'il en soit, elle ne pourra nuire aux créanciers des appelés; malgré le silence du Code, il faut appliquer tout ce que nous avons dit sur l'abandon fait par le grevé. Les motifs sont identiques (art. 1167); aucun délai n'est même fixé à l'action des créanciers (art. 1166) pour faire révoquer l'abandon.

JUS ROMANUM.

DE FIDEICOMMISSIS.

CAPUT PRIMUM.

DE FIDEICOMMISSI DEFINITIONE ET PERSONIS QUARUM CONCURSUS EST NECESSARIUS UT
FIDEICOMMISSUM EXISTET.

Fideicommissum definitur : Quæcunque hominis dispositio quà,
aliquem gratificando expressè, aut tacitè, illi mandat aut eum preca-
tur ut rem sibi datam, aut aliam rem altero qui gratificatur secundo
in ordine reddat.

Fideicommissum, trium personarum concursum requirit :

1° Fideicommittentis. Substituendi libertas, empliciter in facultate
testandi aut donandi continetur. Testandi quicumque aut donandi
habet jus, eo ipso, substitutionem constituendi possidet (L. 2. D. de
legat. 1°).

2° Heredis fiduciarii. Secùs ac legatis quæ non nisi heredis oneri
esse possunt, omnes quos aliquo commodo donamus, fideicommissis
gravare possumus, ut heredem institutum, legatarium, fideicommissarium (§ 11, Inst. de fid. hered.) et quidem heredem legitimum, dùm
fideicommittens facultatem habuerit de suis bonis statuendi, testa-
mentumque conscribendi (L. 3. pr. D. de jure codicil.).

3° Fideicommissarii heredis. Antequàm fideicommissa obligatoria
essent, quæcunque persona indistinctè habilis erat ad accipiendum

fideicommissum. Sic agens nihil spectabat testator, nisi ad legem eludendam et legandum illis quos ad recipiendum integrè, aut partim inhabiles lex declarabat, veluti fæminas, peregrinos, cælibes, etc. (§ 1, Inst., de fid. hered.) Quandò Augustus ediderit voluntatis testatoris in fideicommissis vim haberi pariter ac in legatis, personæ quæ fuissent ad legatum recipiendum haud idoneæ, fideicommissa accipere potuerunt adhuc. Sed exceptiones magis ac magis rariores factæ sunt et Ulpiani tempore, eadem capacitas requirebatur ad fideicommissum accipiendum, quæ ad legatum adeundum. (Ulpien 25, reg. 6).

Recentiore in jure, omninò fideicommissa legatis assimilantur (L. 1 et 2, C. comm. de legat.). Efficaciter fideicommissum datur personæ incertæ. (L. 5. D. de rebus dub.); posthumo externo (§§ 27, 28, Inst. de legat.); illi qui eligetur in unâ domo ab herede aut gravato à legatario (L. 57, § 2. D. ad. S. C. Treb.); deniquè omni personæ cum quâ testamenti est factio; nullæ ferè exceptiones supersunt nisi contrà hæreticos (L. 4. § 2; L. 5 et 22 C. de hæreticis), prohibitionibus quibus fæminæ, celibes gravabantur à Constantino solutis. Quin etiam, qui fideicommissum accipiebat inhabilis causâ non cogebatur illud restituere (L. 46, D. de hered. petit.; L. 103, D. de legat., 1°) : tacita hæc fideicommissa omnimodò probari poterant et cùm fraudis convictio completa esset, substituta bona fisco acquirebantur (L. 3, § 3, D. de jure fisci).

CAPUT SECUNDUM.

DE REBUS QUÆ SUBSTITUI POSSUNT.

Universalitates, ut rerum singulæ, res corporales, veluti ususfructus (L. 29, D. de usu et usuf.), servitus (L. 41, pr. D. de legat., 1°), nomina purè personalia (L. 59, D. de legat., 3°), deniquè quæque legari per damnationem poterant, fideicommissis dari possunt : Id est non tantùm quod attinet sive ad fideicommittentem, sive ad heredem, sed etiam ad alienum et tunc hanc rem emere fiduciarius tenetur, ut illam tradat; et si dominus vendere hanc non vult (id quod agere non potest nisi nihil à fideicommittente acceperit (§ 2, Inst., de sing. reb. per fid.), tenetur fiduciarius prætium præstare (L. 11, § 17, de legat., 3°; L. 14, § 2, eod.); rebus quæ non in commercio exceptis (§ 4, Inst., de legat.). Suum quidem servum per fideicommissum manumittere licet, perindè ac servum alterius (§ 2, Inst., de sing. reb. per. fid.).

Non quidem necesse est ut fiduciarius quod accepit, reddat. Ex eo quod donum sibi factum acceperit, voluntatem disponentis adimplere debet quandò quidem res restituenda neque ad hunc neque ad se ipsum pertineret. Neque verò amplius restituere necesse habet quàm quod ipse accepit vel retinuit (§ 1, Inst., eod.; L. 114, § 3, D. de legat., 1°); aliter fideicommissum quo ad excedens inutile erit, præterquàm si rem propriam pro certâ pecuniâ restituere rogatus, agnovit legatum; (L. 70, § 1, D. de legat., 2°). Ex hoc sequitur ut possit fiduciarius gratificando, bona fideicommissis quæ ipse reddere debet, gravare. Ut se fideicommissis liberet, oportet fideicommissarium donum sibi factum recusare (L. 77, § 31, D. de legat., 2°; § 11. Inst., de fid. hered.). Donator ipse, nullâ novâ liberalitate factâ, quod antè in donatione mortis causâ, vel in testamento dedit, substituere potest (L. 37, § 3, D. de legat., 3°; L. 77, §§ 1 et 2, D. de legat., 2°). Sed non in donatione inter vivos (L. 4, C. de donat. quæ sub.).

In omnibus quæ suprà diximus, una tamen inest regula ex quâ pars disponibilis fideicommissis sola gravari potest (Nov. 39 cap. 1; L. 32, C. de inoff. test.).

CAPUT TERTIUM.

QUIBUS MODIS SUBSTITUERE LICET.

Secùs ac legata, fideicommissa per testamentum, codicillos, donationem mortis causâ, astantibus quinque testibus, et quidem sine testibus valent, et tùm si heres perfidiâ tentus adimplere fidem recusat, jus habet fideicommissarius illi jusjurandum deferendi, cùm prius de calumnià juraverit (§ 12, Inst., de fid. hered.).

In principio, non nisi verbis precariis nemo substituere poterat, et indè lex 16, C. de pactis, fideicommisso precariæ substitutionis nomen imponit. Lege 2, C. Comm. de legat., talia mutata fuerunt. Undè quibuscunque verbis fideicommittens usus fuerit parvi interest, dùm ponatur quod substituere voluerit : *voluntas defuncti in fideicommissis maximè valet* (L. 95, D. de legat., 3°). Voluntatis declaratio quomodocunque facta sit, nutus etiam, signumque, fideicommissis relinquendis sufficit (L. 22, C. de fid.). Sed simplex consilium heredi de bonis quæ ipsi relinquuntur non disponendi, fideicommissum non constituit (L. 77, § 24, D. de legat., 2°). Aliter esset si alienatio prohiberetur. Si quem commendaverit fideicommittens heredi, illi nullum pariter jus concedit (L. 11, § 2, D. de legat., 3°). Parvi quoque refert ad quem dicta verba sint (L. 69, pr. D. de legat., 3°; L. 108, §§ 13 et 14, D. de legat., 1°) : Sed dispositiva, non verò enonciativa necesse est (L. 85, D. de hered. Inst.). Verba quibus fideicommittens usus fuerit judex æstimabit (L. 7, C. de fid.).

Jure in veteri, fideicommissa non nisi in extremæ voluntatis instrumento facta, valebant, quia ipsà suà naturà, de dispositionibus mortis causà non multùm absunt (v. Cujas sur la L. 2. D. de legat., 1°). Novum jus ea in donationibus inter vivos permisit. (L. 3, C. de donat. quæ sub modo.)

Fideicommissorum formæ illæ sunt instrumentorum in quibus continentur, et instrumenti nullitas fideicommissorum nullitatem adducit. Sed ex tempore Justiniani institutionis heredis caducitas non fideicommissa rescindit (Auth. ex causà. C. de liber. pret.; nov. 1, cap. 1). Jam in antiquo jure aliquot exceptiones inerant.

Fideicommissum purum esse potest, vel sub conditione (L. 79, § 1, D. de cond. et demonst.) vel ex die certo (§ 2, Inst., de fid. hered.).

Cæterùm suo arbitrio statuere potest testator, et de personis quarum fidei rem committit (L. 29, C. de fid.), et de quantitate quæ in reslitutionem venit (§ 8, Inst., de fid. hered.), et de restitutionis aut tempore, aut modo; jubere fideicommissum unum gradum complecti (fideicommissum simplex), sive multos (fideicommissum graduale, multo in usu apud romanos), (Inst. de vulg. subst.); facere ut alternativum aut disjunctivum, seu mutuum sit (L. 87, § 2, D. de legat., 2°). Tacitè seu expressè gradus constituuntur. Tacitè quùm ex verbis concluduntur, aut cùm rerum relictarum alienationem prohibet testator, dùmmodo de personâ (L. 114, § 14, D. de legat., 1°), aut familiâ (L. 69, § 3, D. de legat., 2°) non dubitetur, cujus potissimum causâ hæc ita statuerit. Expressè, quùm testator heredem rogat ut alio reddat aut alium instituat (L. 114, § 6, D. de legat., 1°). Tùm verò honorati secundum ordinem veniunt indicatum, ordinem arbitrarium (L. 87, § 2, D. de legat., 2°). Et quamvis non nominet, honoratos aliquâ designatione indicare potest, ut primogenitos et mares nepotum suorum, aut familiam suam substituere: Tùm omnes appellantur parentes, sed illi quibus propior gradu sanguis, cæteris præferri debent, nisi testator in omnes parentum gradus beneficium extenderit (L. 32, § 6, D. de legat., 2°; L. 69, § 3, eod). Illud fideicommissum purum est et ideò ab eo quod prohibitionem alienandi extrà familiam concludit, differt. (L. 4, C. de fid.; L. 114, §§ 15 et 17, D. de legat., 1°). Aut etiam heredi optionem permittere ei licet (L. 67, § 2, D. de legat., 2°); et heres si moreretur antequàm elegisset, commune esset fideicommissum omnibus inter quos facienda electio erat (L. 67, § 7, D. de legat., 2°).

Hæc quùm prohiberetur legatarius ne alienaret his cum, quamvis alienando valens, reddere *quod supererit* deberet, non confundimus. Quamvis alienare possit, jus tamen suum restringitur legibus 54 et 58, § 8, D. ad S. C. Treb. et constituuntur alienationes arbitrio boni viri. Nov. 108, cap. 1. Justinianus statuit etiam fines in quibus judex continetur. Tribus exceptis, fiduciarium fideicommissario quadrantem bonorum reddere necesse. Non ita est quùm voluit testator oneratum restituere *si quid supererit.*

Justinianus nov. 159, § 2 primus fideicommissa inter quatuor gradus restringi voluisse videtur. Hæc autem decisio, ut maximè dubia est, propriàque in specie data, interpretes eam non generalem concluserunt et fideicommissum perpetuum sivêre.

CAPUT QUARTUM.

DE FIDUCIARII OBLIGATIONIBUS QUUM BONA ADIT.

Justinianus præterea primus, nov. 1, substituta bona recensere fiduciarium pœnis certis prescripsit, præsentibus fideicommissariis, aut eorum delegatis, aut pluribus testibus.

Heres insuper, si necesse est, et si non exemit fideicommittens, satisdare tenetur (L. 1, pr. D. ut legat. seu fid.; L. 1, C. ut in poss. legat.), nisi pater aut avus fuerit, cui in liberos mandatum fideicommissum est. Nunquam ille satisdat, si non specialiter eamdem satisdationem testator exigi disposuerit, aut secundas ad nuptias convolàrit (L. 6, § 1, C. ad. S. C. Treb.).

CAPUT QUINTUM.

DE JURE ET OBLIGATIONIBUS FIDUCIARII ET FIDEICOMMISSARIORUM QUUM ILLE BONA DETINET.

Id constat, oneratum sub resolubili conditione, rei dominum versari (L. 12, § 2, D. fam. ercisc.). Si mandatum legatario fideicommissum, confici non posset, heres hoc fideicommissum caducum fieri suum non arbitraturus esset; fiduciarius contrà suum faceret (L. 38, § 6, D. de legat., 2°). Omninò oneratus utitur heredis jure, et actiones quæ heredibus comparatæ sunt aut contrà eos, vel exercendo, vel suscipiendo, et in hereditarias causas paciscendo et debita solvendo, tum etiam liberando hereditarios debitores (L. 104, D. de solut.), et rebus ad hereditatem pertinentibus fruendo, scilicet per illud tempus quo ei tenere res concessum est : bonaque administrat ipse suique ipsius nomine, ut dominus.

c   12.

Sed jus dominii non satis est ut vendat vel oneret hypothecis res oneratas·(L. 3, § 3; L. 19, § 2; L. 70, § 1, D. ad S. C. Treb.). Alienationes tamen gratuitæ aut onerosæ, legitimæ essent, si conditio non eveniret (L. 3, § 3, C. comm. de legat.; L. 69, § 1, D. de legat.). Si aliter, alienationes rescenduntur, petentibus fideicommissariis, cùm restituetur fideicommissum et vindicationem utilem de his alienatis quæ pretio prestant fideicommissi dodrantem, habent honorati (L. 3, § 3, D. ad S. C. Treb.).

Hæc prohibitio tamen non generalis est et sine ullà exceptione:

Et enim, 1° libertas servo data valet: manumissor autem fiduciarius servi pretium solvit (L. 25, § 2, et L. 70, § 1, D. ad S. C. Treb.).

2° Si alienare necesse est ut substitutionis æs alienum luatur (L. 78; § 4, D. de legat., 2°). Sed primùm libera bona vendere necesse esset (L. 38, pr. D. de legat., 3°).

3° Si fideicommissarii omnes, jurum compotes, de venditione assentiunt (L. 11, C. de fid.); omnibus expressè fidicommissariis assentiendum est, alioquin iis solis qui assensissent, alienatio valeret (L. 34, § 2, D. de legat., 2°).

4° Quùm alienatio utilis facta est fideicommissariis, ita ut ab eis damnum averteretur : scilicet cum res detrita aut parùm fructuosa est, etc.

5° Si alienationem fideicommittens permisit aut jussit.

6° Si *de eo quod supererit* est substitutio, valet alienatio rerum quibus uti fiduciarius potuit.

7° Bona quæ dat pater filio ita tamen ut restituat, si hereditatis legitima non sufficit, feminæ doti hypothecæ assignantur dotique honorati filiarum (nov. 39, cap. 1; Auth. res quæ, C. comm. de legat.). Si filia fiduciaria esset, dotem sibi adscribere in fideicommisso et dotem marito transferre posset quasi residui redditio sola jussa (L. 22, § 4, D. ad S. C. Treb.; L. 6, C., eod.). Propter hæc irrevocabiles alienationes fieri possunt.

Currit prescriptio contrà fideicommissarios non adhuc jure fruentes cùm orta est dùm bonorum fideicommittens dominus esset; sed nullo nisi illo casu currit dùm possidet fiduciarius (L. 3, § 3, C. comm. de legat.).

Fiduciarius, servitutem dominio suo diuturniorem constituere nequit (L. 105, D. de cond. et demonst.). Non tenentur honorati transactione à fiduciario confectâ nisi cùm alii fideicommissum ignorant (L. 17, D. de transact.): neque judiciis inter fiduciarium et alios latis (L. 3, § 2, C. comm. de legat.).

Bona fiduciarius administrat, illisque fruiter et cavet ne damnum eveniat (L. 22, D. ad. S. C. Treb.). Sed culpam latam solùm præstat, (L. eod.), et etiam propter dolum solum tenetur si nihil ex fideicommisso commodi habet (L. 108, § 12, D. de legat., 1°).

Fiduciario imponuntur onera eadem quæ usufructuario (L. 58, D. de legat., 1°; L. 52, C. de usuf.), etsi, restitutis bonis, vectigalia seu fœnora quibusdam creditoribus non soluta essent, de solutione fideicommissarios, salvo eorum recursu, creditores persequerentur (L. 58, D. ad S. C. Treb.).

Cunctis autem bonis et etiam illis quibus detrimentum usus affert, fruitur; non ad illa vendenda cogitur (L. 11, § 17, de legat., 3°; L. 3, § 4, D. de usuf. et fruct.). Pecuniâ utitur secundum arbitrium (L. 11, § 17, D. de legat., 3°). Tandem omnibus fructibus donec eveniat conditio ni aliter fideicommittens jusserit, potitur (L. 18, pr., et § 2, D. ad S. C. Treb.).

Dùm conditio seu dies certus non evenit, spes solùm et non jura sunt fideicommissariis, quippe qui creditori conditionali cujus jura non nisi quùm accedit eventus fiunt, assimilabantur (L. 66, D. de rei vind.). Itaque omnia necessaria ut jura sua serventur, facere possùnt : satisdationem postulare (L. 1, pr., et § 5, D. ut legat.): et fiduciario non satisdante in bona missionem exigere, nisi testator oneratum solverit (L. 2, C. ut in poss.) : bonorumque possessionem poscere in suum patrem qui re malè utitur (L. 50, D. ad S. C. Treb.).

CAPUT SEXTUM.

Acquiritur jus honorato ipso jure simul atque cessit fideicommissi dies, ignoranti quoque, hâc quidem potestate ut ad ipsius heredes transmittatur. Sed, ut ita sit, necesse est honoratum quùm dies cedit accipere posse, aliòquin caducum esset fideicommissum (L. 5, D. quando dies legat; L. 17, D. de legat., 2°); nam non admittitur representatio (L. 2, § 6, D. de legat., 2°; L. 69, § 3, eod.). Cæterum fideicommissarius ad fideicommissi dominium per acceptionem tantùm venit (L. 1, C. Comm. de legat.). Aliud est dominium, aliud possessio : hæc sollummodò traditione honorato acquiritur, undè fit ut, usque ad illum diem quamvis non sit rei dominus, fructus suos facit fiduciarius (L. 18, pr. D. ad S. C. Treb.). Quæ cùm ita sint, postulantibus fideicommissariis, rescendentur alienationes à fiduciario concessæ, et ille reddet omnia bona et fructus quæ sine jure perceperit (L. 27, § 11, D. ad S. C. Treb.). Cæterum nulla est formæ solemnitas in restitutione adhibenda, et per procuratorem et restitui et accipi potest fideicommissum. Neque verò ejusdem fideicommissi pars adquiri, pars repudiari potest (L. 38, pr. D. de legat., 1°). Sed statim ab aditâ hereditate dominium transit in fideicommissarium (L. 1 et 2, C. Comm. de legat.), unâ cum commodis et accessionibus, plerumque etiam cum incommodis et oneribus omninòque eo jure, quo fuerat apud defunctum (L. 45, § 2, de legat., 1°).

In restitutione complectuntur :

1° Omnia quæ pendent ex testatoris decreto, ita ut uti definitum est testamento, res prestentur, unâ et cum adminiculis et cum accessionibus earum (L. 16, C. de fid.).

2° Fructus qui percepti sunt et antè aditam hereditatem et postquàm venit fideicommissi dies, et etiam qui postquàm cedit dies, si bona malà fide retinuisset fiduciarius (L. 26, D. de legat., 3°).

3° Quæ dolo aut culpà non percepit (L. 108, § 12, D. de legat., 1°), et res omnes quæ ad bona junctæ sunt (L. 16, D. de legat., 3°), sed non rem quæ sibi contrà jus aut per errorem substitutionis gratià soluta fuit (L. 59, § 1, D. ad S. C. Treb.). Fideicommissariis omninò omnibus non solùm in personam actio comparata est adversùs oneratum, verùm etiam hypothecaria adversùs possessores earum rerum quæ ad oneratum pervenerunt ex hereditate (L. 1, C. Comm. de legat.). Præpetereà res ipsas et nondùm præstitas ab onerato quæ quidem ipso jure transferuntur in fideicommissarium, actionibus hic persequetur cum in rem, (L. 80, in fin. D. de legat., 2°), tum in personam (L. 18, C. de legat.); Atque eisdem etiam ea quæ in accessionibus sunt aut rei aut obligationis, consequetur actionibus (L. 91, § 7, D. de legat., 1°). Et equidem, actà si restitutione, non nulla patefacitur malà fide à fiduciario retenta, hic illa cum fructibus damnisque etiam, nisi se defendisset transactione restituere cogeretur (L. 78, § 16, D. ad S. C. Treb.). Omnium restitutionem spopondit cautio.

Sed nec fructus per possessionem perceptos restituit, nisi ea sit testatoris voluntas, ut cum incremento heres rem quandoque præstet; nec ea quæ perière, ipsius ullà sinè culpà (L. 22, § 3, D. ad S. C. Treb.) quæ dolo proxima est. Si quem sumptum fecit in res hereditarias, quoque detrahit (L. 22, § 3, D. ad S. C. Treb.); tùm verò quæ debita illi sunt à testatore (L. 104, § 7, D. de legat., 1°), istius salvà voluntate : Legitimam si in substitutione esset complexam : quartam Trebellianam : dotem et omnia quæ pignori dedit uxoris doti. Et ut facta est restitutio, revigent ea quæ confusione extincta erant.

Quartam et legitimam deducit fiduciarius de bonis quæ exstant; impensas verò et credita solùm in pecunià capit. Sed fideicommissum restituere non cogitur, nisi omnia sint sibi debita remunerata (L. 60, D. de legat., 1°; L. 80, D. ad S. C. Treb.).

Existit jus fideicommissariorum ut suprà diximus :

1° Quùm advenit dies seu conditio;

2° Quum fideicommissum repudiat oneratus, dùm ita non noceat et fideicommissariis et creditoribus (L. 15, D. de annuis legat.; L. 12,

C. de fid.); necesse est autem à creditoribus fraudem probari (L. 19, D. quæ in fraud. cred.)

3° Fiduciarii morte et minimè capitis diminutione (L. 77, § 4, D. de legat., 2°; L. 48, § 1, D. de jure fisci.).

4° Quùm bonis pater malè utitur. Sed non alias opes habenti sola bonorum administratio tolleretur, et ejus vitæ fructus addicti manerent (L. 50, D. ad S. C. Treb.).

Cùm de loco nihil definitum est testatoris voluntate, ut species ibi plerumque præstentur exhibeanturve necesse est ubi sunt. Quod si ex fungibilium genere sunt res, ibi præstabuntur ubi commodè et peti et præstari possunt (L. 38, D. de judiciis). De tempore quo fiat præstatio, modicum temporis ex æquo et bono dandum est onerato, cùm aut pecunia debetur aut aliud aliquid ejus modi (L. 71, § 2, D. de legat., 1°; L. 2, C. de usur. et fruct. legat.).

Restituto fideicommisso, diximus fiduciarium bonorum quadrantem retinere; hoc explicatione eget. Cùm olim tanquam ex venditione fieret restitutio hereditatis, posteà Neronis ætate, Trebelliano S. Consulto cautum est ut, si cui ex fideicommissi causâ restituta esset hereditas, vel ejus pars, utiles ei et in eum tanquàm in heredem, darentur actiones, quæ heredi competerent in heredem, nimirùm pro eâ parte quæ ad eum pervenisset ex hereditate. Accessit deindè, haud ita multo post, Pepasianum S. Consultum quo permissum est heredi qui totam restituere hereditatem rogatus sit, retentâ velut ex lege Falcidiâ quartâ hereditatis parte, non nisi dodrantis facere restitutionem, hâc potestate, ut non heredis, sed legatarii loco sit partiarii is, cui solutum esset fideicommissum. Undè vario fideicommissorum jure uti cœperunt Romani, donec Justinianus, unà comprehensione utriusque S. Consulti vim complectens, eamdemque omnem referens ad Trebelliani auctoritatem, statuit ut quadrantem bonorum fiduciarius heres, totum restituere rogatus, ex legis auctoritate, sibi vindicaret, et si probaverit, per errorem se quartam non retinuisse, recuperare eam poterit (L. 68, § 1, D. ad S. C. Treb.).

Heredi similis est fiduciarius, nec tamen ultrà eam partem quam retinet hereditariæ actiones ei et in eum dantur. Si verò totam hereditatem sponte restituerit omnes hereditariæ actiones fideicommissario, et adversus eum competunt. Cogi actionibus potest fiduciarius, ut adeat hereditatem eamque restituat fideicommissario ejus ve heredibus; tùm et commodis prohibetur iis quæ vel lege vel testamento ad eum propter aditam hereditatem perventura essent, et oneribus liberatur hereditariis incommodisque. Non cogitur adire nisi ei damnum vel lucrum à fideicommissario sarciatur (§ 7, Inst., de fid. hered.). Cæterum fideicommissarius, alii ex testatoris voluntate hereditatem restituendo, eadem jura transfert in secundum, quæ ad ipsum transierunt (L. 1, § 8, D. ad S. C. Treb.).

Legi falcidiæ, paucis exceptis, similis est Trebelliana; res singillatim non enarrabimus; aliquas solum indicabimus quas Trebelliana ipsa postulat.

Trebellianam quartam solus deducit heres, et fideicommissarius qui, ut rursùs restituat hereditatem rogatus est, minimè hoc jure utitur, nisi si liberalitatem tantùm ad priorem fideicommissarium heres voluit pertinere (L. 1, § 19, D. ad. S. C. Treb.). Aut compulsus heres restituit hereditatem, quo facto quadrantem deducendi jus similiter transfertur fideicommissariis (L. 63, § 11, D. ad. S. C. Treb.). Sed si fiduciarius non deducit, ipsius heres deducere potest (L. 10, C. ad leg. falc.).

Quùm plures sunt heredes, nihil impedit quin quartam quisque retineat partis hereditariæ, nihilque interest utrum aliquis aut totam hereditatem aut pro parte restituere rogetur (§ 8, Inst., de fid. hered.).

Testator fiduciarium quartà excludere potest (Nov. 1, cap. 2, § ult.); seu unam rem dare, et illis in duobus, quamvis res quadrante præstaret, in solidum actiones transferentur ad fideicommissarium (§ 9, Inst. eod.).

Similis ut in falcidià, quæ legatariis deducitur, in hoc quoque quadrante computando ratio ineunda est fiduciario. In quadrantem

c   13

non imputantur ea quæ accepit ut non redderet (L. 30, §§ 7 et 74, D. ad. leg. falc.). Sed non ita est de fructibus quos percipit (L. 18, § 1; L. 52, § 5, D. ad. S. C. Treb.), nisi, fideicommissi cedente die, percepti fuerint et fideicommissarii negligentiâ (L. 22, § 2, eod.); quin etiam, nunquam in quartâ imputarentur fructus si testatoris liberi onerati essent (L. 6, pr. C. ad. S. C. Treb.).

Item iisdem causis quæ falcidiæ deductionem impediunt, quatenùs quidem in fideicommissarias hereditarias omninò illæ conveniunt. Dum que heres, ut partem ex hereditate sibi debitam obtineat, iisdem ute- tur remediis, quæ propter falcidiam quantitatem, vel retinendam vel recipiendam, comparata sunt heredibus.

CAPUT SEPTIMUM.

DE FIDEICOMMISSORUM EXTINCTIONE.

Extinguuntur fideicommissa :

1° Quum deficit conditio quæ apposita fuit (L. 49, § 3, D. de legat., 1°.)

2° Quando, cedente die, mortuus est aut fideicommissum adire non potest fideicommissarius (L. 17, D. de legat., 2°).

3° Quum deficiunt gradus si limitati fuerunt, aut ultimus decedit familiæ, in familiæ fideicommisso; quotiesque ab omnibus, qui alie- natione factâ ad fideicommissi petitionem adspirare possunt, venditio celebratur, aut quibusdam vendentibus alii consenserint (L. 11, C. de fid.).

4° Si fideicommissum adimit testator (L. 3, § 11, D. de adim. vel transf. legat.).

5° Si certum corpus sine dolo et culpâ heredis perit (L. 26, § 1, D. de legat., 1°).

6° Quando expressè seu tacitè renuntiant fideicommissarii (L. 26, C. de fid.), quibusdam exceptis casibus. Sed repudiatio cui fecit nocere, minimè vero posterius advocatis obesse, potest.

7° In pristino jure, plerùmque quando heredis vel legatarii institu-
tio caduca venit (L. 81, D. de legat., 2°).

8° Cùm filio qui a patre restitutione oneratus fuit nascitur filius
seu filia, etc. (L. 30, C. de fid.).

9° Si fideicommissarii duo alter altero substituti fideicommissum
repudiant (L. 11, C. de trans.; L. 16, C. de pactis.).

⚫⚫⚫⚫⚫

DROIT COMMERCIAL.

DE LA FORCE PROBANTE DES REGISTRES DES COMMERÇANTS.

INTRODUCTION.

Le Code de commerce (art. 12, 13) et le Code civil (art. 1329, 1330)
sont venus mettre fin aux discussions qui s'élevaient autrefois sur la
foi qu'on devait ajouter aux livres de commerce. C'est à ces deux Codes
qu'il faut recourir pour avoir un système complet sur la matière.

Guidée par des motifs puissants, la loi a établi une exception au
principe qui veut qu'on ne puisse se faire de titre à soi-même (C. c.,
art. 1331). Elle permet au commerçant d'invoquer en sa faveur des
écritures qu'il a passées lui-même, écritures qui ne sont pas même authentiques. Mais elle donne plus ou moins de force, elle ajoute plus
ou moins de foi à ses livres, selon qu'il s'agit de contestations élevées
entre des commerçants et des personnes qui ne le sont pas, et les contestations de commerçant à commerçant pour affaires de commerce ;
ce qui nous force à diviser notre travail en deux chapitres.

c   13

CHAPITRE I.

DE LA FOI ATTRIBUÉE AUX LIVRES DE COMMERCE LORSQU'IL S'AGIT D'UNE CONTESTA-
TION ÉLEVÉE ENTRE UN COMMERÇANT ET UNE PERSONNE QUI NE L'EST PAS.

Les registres des commerçants ne font point, contre les personnes non commerçantes, preuve des fournitures qui y sont portées. Cependant, lorsqu'à la présomption de vérité des allégations qu'ils renferment, viennent se joindre d'autres présomptions favorables qui rentrent dans l'appréciation du juge, il peut déférer au commerçant demandeur le serment supplétoire (art. 1329); c'est ce qui résulte de la restriction qu'apporte l'art. 1329 à la règle qu'il pose. Il peut aussi le déférer au défendeur, si celui-ci lui semble mieux mériter sa confiance.

De ce que la présomption de vérité que la loi attache aux livres suffit pour faire déférer le serment, nous n'en concluons pas, comme M. Toullier, t. VIII, n° 369, qu'elle suffit aussi pour autoriser le juge à admettre la preuve testimoniale. L'art. 1329 se contente de renvoyer au serment; il ne dit pas que les livres feront *un commencement de preuve,* ce qui serait bien plus général. On est donc en droit de poser la maxime : *qui dicit de uno, negat de altero.* Le commencement de preuve exigé pour que le juge défère le serment n'est pas le même que celui qu'il faut pour que la preuve testimoniale soit admissible. La preuve testimoniale suppose un commencement de preuve *écrit* (art. 1335, 1336, 324, etc.). Au contraire, pour que le juge puisse déférer le serment, il suffit que la demande ne soit pas *dénuée* de preuve; ce qui suppose qu'une simple présomption, un indice, quelque chose enfin qui fasse croire que la demande est fondée, autorise suffisamment le juge à le déférer. De ce que l'art. 1329 renvoie au serment, il n'y a donc rien à induire en faveur de la preuve testimoniale. Aussi Dumoulin disait-il, que le livre du commerçant, quoique ne faisant pas preuve entière, ni même *une demi-preuve,* néanmoins il en résultait une *présomption*, laquelle suffisait pour faire admettre son affirmation. Cependant Boiceau permettait qu'on complétât cette présomption par la preuve testimoniale; mais Danty n'admettait cette solution qu'avec difficulté (voy. Danty sur Boiceau, part. 2., ch. 8). Quoi qu'il en soit, on ne peut guère tirer d'induction de ce qui se pratiquait anciennement, parce que les législations n'étaient pas les mêmes.

On n'appelle commencement de preuve qu'un acte par écrit émané de celui contre lequel la demande est formée, ou de celui qu'il représente et qui rend vraisemblable le fait allégué (art. 1347). Or ici c'est tout le contraire; c'est le demandeur lui-même qui se fait un titre, et qui l'oppose à celui qu'il soutient être obligé envers lui. Nous savons qu'on rencontre dans le Code des actes qu'il qualifie de commencement de preuve, et qui ne renferment pas les caractères qu'exige l'art. 1347. Mais alors la loi les a expressément indiqués, ils sont des exceptions, et toujours les plus graves présomptions militent pour faire regarder comme vraies les allégations qu'ils renferment. Du moment qu'elle n'a pas donné expressément le nom de commencement de preuve à un acte, c'est d'après l'art. 1347 qu'il faut le juger, on retombe dans la règle générale. Admettre le contraire, c'est annuler l'art. 1347, c'est supposer plus qu'une contradiction dans la loi; car jamais on ne concevra qu'elle ait exigé comme commencement de preuve un acte émané du défendeur, et qu'elle reconnaisse le même caractère à un titre que s'est fait le demandeur lui-même.

C'est une chose exorbitante même que le serment, car dans aucun cas, M. Toullier le reconnaît lui-même, n° 400, les registres particuliers ne peuvent le faire déférer ni à l'auteur ni à ses héritiers. Une dérogation, une exception aussi importante au droit commun que la faveur seule due au commerce a fait établir, de même que toute exception doit être restreinte dans les cas formellement exprimés. Dans le doute, on doit encore décider en faveur du débiteur plutôt que contre lui......

Les livres de commerce ne peuvent faire preuve que des fournitures qui y sont portées, et non d'autres choses (art. 1329). C'est ainsi que se justifie l'arrêt de cassation du 30 avril 1836. On n'admet même que les livres obligatoires et régulièrement tenus (art. 13, C. comm.).

Et puisque les actions des commerçants pour les marchandises qu'ils vendent aux particuliers non commerçants, se prescrivent par un an (art. 2272), c'est dire que les livres n'ont d'utilité que pendant ce délai, à moins que le défendeur n'invoque pas la prescription.

Quand on oppose ses propres livres à un commerçant, ils font preuve contre lui, non-seulement des fournitures, mais aussi de toute sorte d'opérations. Cependant celui qui veut en tirer avantage, ne peut les diviser en ce qu'ils contiennent de contraire à sa prétention (art. 1330), sauf la preuve contraire.

CHAPITRE II.

DE LA FOI ATTRIBUÉE AUX LIVRES DE COMMERCE LORSQU'IL S'AGIT D'UNE CONTESTATION ENTRE DEUX COMMERÇANTS.

Les livres de commerce ont plus d'autorité lorsqu'ils sont opposés à un commerçant par un autre commerçant que quand ils le sont à des personnes qui ne font pas le commerce; et en effet, les livres obligatoires peuvent, quand ils sont régulièrement tenus, être admis par le juge pour faire preuve entre commerçants pour faits de commerce (art. 12, C. com.). Il résulte de cet article que pour qu'ils soient reçus à faire cette preuve, il faut :

1° Que la constestation ait lieu entre commerçants.

2° Qu'elle ait pour objet des faits commerciaux de la part des deux parties; autrement on ne suivrait ni le texte ni l'esprit de l'art. 12 du Code de commerce.

3° Que les livres soient régulièrement tenus, ce qui ne s'applique qu'à ceux que les commerçants sont obligés d'avoir. Car comment tenir régulièrement un livre pour lequel aucune formalité n'a été tracée (art. 12 et 13 comb.) : ces livres auxiliaires ne sont autre chose que des papiers domestiques (Paris, 1er mai 1833, et Cass., 8 mars 1833), et alors ils ne font pas foi en faveur de celui qui les a écrits (art 1131). Bien plus les livres obligatoires irrégulièrement tenus, ne peuvent être représentés ni faire foi en justice au profit de ceux qui les ont tenus (art. 13, C. com.)

De l'art. 13 il résulte : que ce n'est qu'en tant que le commerçant invoquerait en sa faveur des livres irréguliers, qu'ils ne pourraient lui être utiles. Dans l'hypothèse inverse, si les livres renfermaient des indications qui fussent contre lui, on leur accorderait le même degré de confiance que s'ils étaient réguliers, et ils pourraient faire preuve complète. Car, personne ne doit profiter de sa faute (Cass., 7 mars 1835).

On voit par l'art. 12, que les livres ne font pas nécessairement preuve, mais seulement qu'ils peuvent être admis par le juge. C'est là une simple faculté qu'on accorde à ce dernier ; il est le maître de repousser la preuve qu'on lui offre. Il en est ici comme partout ailleurs : les juges de commerce ont la plus grande latitude. C'est à eux à examiner jusqu'à quel point les livres méritent leur confiance, et quels sont les moyens qui serviront à compléter leur conviction.

Tout ce que nous avons dit, ne s'applique qu'aux livres tenus par les commerçants eux-mêmes. Quant à ceux que tiennent les tiers, on ne saurait les forcer à les représenter. Cependant, s'ils consentaient à les produire, on pourrait s'en servir à titre de renseignement. Il ne faudrait non plus rien induire de ce que la personne non commerçante, contre laquelle plaide un commerçant, refuserait de représenter ses registres ; car elle est protégée par le Droit commun ; elle n'est pas soumise au Code de commerce (Cass., 2 et 15 février 1837).

Il y a cependant des tiers qui sont dans l'obligation de représenter leurs livres ; ce sont les courtiers et les agents de change (C. com., art. 84 et 109) ; mais la loi ne dit pas quelle espèce de preuve feront ces livres. Il faut donc laisser les tribunaux souverains juges ; ils les concilieront avec ceux des commerçants, et ils en tireront telle preuve, telle présomption ils croiront convenable.

⸺◦◦◉◦◦⸺

DROIT DES GENS.

⸺◦◦◦⸺

INTERPRÉTATION DU PRINCIPE : LOCUS REGIT ACTUM.

⸺

Le mot *actus*, dans son acception propre, signifie une action, un geste, un fait; mais ce n'est pas dans ce sens que nous l'entendons, lorsque nous invoquons le principe cité; il est synonyme alors de *scripta*, *instrumentum*, et encore lui donnons-nous une application restreinte. En effet, dans un acte on distingue ordinairement: 1° les formalités habilitantes, 2° intrinsèques ou viscérales, 3° d'exécution, 4° et les formalités extrinsèques ou probantes. Ces dernières seules s'occupent des formes extérieures de l'acte; elles ne sont requises que pour constater soit l'accomplissement des autres formalités, soit ce qui a été fait par suite du concours des unes et des autres. C'est à elles que s'applique spécialement la maxime: *Locus regit actum*.

Tout ce qui tient aux formes extérieures requises pour la validité d'un acte, doit être déterminé par le prescrit de la loi du lieu où il a été passé, et du moment qu'il est prouvé qu'il ne renferme aucun vice, il est certain qu'il est valable, et qu'il obtient tous les effets qu'il est à même de produire. Cela est fondé sur la nature même des choses. L'officier public ne peut instrumenter que dans le territoire où il est délégué; il est obligé de suivre les formes prescrites par la loi de son pays. L'étranger, chaque jour, a besoin de souscrire des obligations avec les naturels. Or, dans un pays ne pas reconnaître pour valables les actes faits avec les formalités prescrites chez les nations voisines, ce serait en exclure tous les étrangers; ils n'y pourraient pas contracter, y faire le commerce, etc., puisqu'aucun acte ne serait valable, n'aurait force devant les tribunaux autres que ceux du lieu où l'acte aurait été passé.

Il n'en faut pas conclure qu'en pays étranger on ne puisse faire un acte dans la forme régie par la loi de son propre pays; ceci s'entend des actes sous seing-privé, ou s'il s'agit d'acte authentique, il faut qu'un officier public ait reçu expressément le droit de le passer; c'est sur ce principe que sont basés les art. 47, 170, 999 du Code civil. Cependant anciennement on décidait qu'un acte passé en pays étranger, quand il dépendait de celui-là seul qui le faisait, comme un testament olographe, ne devait pas avoir effet, pas plus que celui dans lequel figureraient deux étrangers, citoyens d'une même ville. Ce système est de nos jours entièrement renversé, tant est variable ce qu'on appelle le droit des gens. Dans tous les cas, cela n'a jamais fait doute pour les personnes qui jouissent du droit d'exterritorialité.

L'acte ainsi rédigé est valable; cependant sa valeur n'est pas absolue; quelques principes viennent s'opposer à ce qu'on lui donne tous les effets qu'il aurait pu produire s'il avait été fait dans le pays où il doit être mis à exécution. On distingue: ou ses effets portent sur la personne exclusivement, ou ils ne portent que sur les choses. Dans le premier cas, l'acte, quand même les contractants auraient voulu se soustraire à leur propre loi, a partout et toujours la même force; ainsi le mariage, l'adoption, l'émancipation, faits en pays étranger, seront partout valables. Dans le second cas on admet une sous-distinction. Les actes qui doivent produire de suite leur effet, tel par

c   14

exemple, qu'un endossement dans une lettre de change, ne sont le plus souvent parfaits que rédigés dans la forme du pays où on les fait. Un autre acte, au contraire, qui ne doit sortir son effet que dans un temps plus éloigné, est valable en ce sens qu'il pourra servir de fondement à un jugement, qu'il sera cru dans tout ce qu'il énoncera; mais il ne peut être mis à exécution, il faut qu'il soit approuvé par l'autorité du pays (art. 1000, 2123, § 4, 2128, C. civ) ; car les officiers publics étrangers qui ont rédigé l'acte, n'ont pu lui donner des effets qui s'étendent au delà du territoire sur lequel leur souverain exerce son autorité; les statuts réels du pays voisin s'y opposent, et les agents de la force publique ne peuvent agir qu'au nom de leur souverain. C'est pourquoi un jugement, à moins qu'il n'existe des traités particuliers, ne saurait être exécuté sur un territoire étranger, s'il n'a été rendu exécutoire, ou même s'il n'a été révisé par les juges de ce pays.

Nous sous-entendons toujours que, quant à la capacité des personnes, l'acte est conforme aux statuts personnels du pays auquel les contractants appartiennent, qu'il renferme les formalités qui servent à habiliter la personne. L'acte contraire à la loi qui frapperait la personne d'incapacité serait absolument nul, et en conséquence il ne pourrait rien produire, ni en aucun temps, ni en aucun lieu, tandis que celui qui serait seulement contraire au statut réel, pourrait obtenir tout ou partie de ses effets, suivant la diversité des lieux et des temps.

FIN.

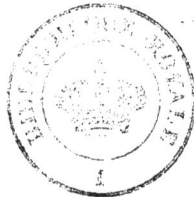

www.ingramcontent.com/pod-product-compliance
Lightning Source LLC
Chambersburg PA
CBHW071500200326
41519CB00019B/5822

* 9 7 8 2 0 1 4 4 8 8 5 9 3 *